吉田松陰像

吉田松陰

●人と思想

高橋　文博 著

144

CenturyBooks　清水書院

はじめに――吉田松陰への視座

吉田松陰《しょういん》は、安政六年一〇月二七日（一八五九年一一月二一日）の午前一〇時頃または正午頃、江戸小伝馬町の獄舎において斬首《ざんしゅ》の刑に処せられて亡くなった。享年三〇歳、二九年二か月の生涯であった。松陰の名は、死後ますます高まり、今日においても、彼は日本の歴史の中で最も著名な人物の一人である。松陰は、単にその名がよく知られているだけでなく、その評価もすこぶる高い。

だが、松陰における何が人々をそのように惹《ひ》きつけるのかということになると、そこには若干の違いがある。ある人々は、松下村塾《しょうかそんじゅく》において明治維新の担い手となった逸材を多数育成した優れた教育者であるところに、松陰の本領をみようとする。別の立場は、尊王攘夷《そんのうじょうい》の志士として日本という独自な国家の価値を提示した愛国者であるところに、共感を示す。さらに、他の人々は、封建体制を打破し近代的な国家体制への転換に向かって突き進んだ変革者である点に、現在の日本社会に要請されている社会変革に向かう主体形成のあり方を読みとるのである。

これらの松陰に対する評価の観点は、相互に全く別のものではないにしても、また、全く同じではない。教育者松陰に着目するとき、松陰が日本国家の独自性を強調した点や彼のおかれた歴史的な状況への顧慮が背景に退く傾向があろう。また、愛国者松陰を高く評価するとき、松陰が国家を支える個人の自発性能動性を重視したことや日本国家が幕末の状況で新たに提示されたものであるという歴史的性格への顧慮が不足する。本書の視座は、松陰が幕末日本という変革期を生き、また、彼自身が社会の変革を促したことを重視する点で、変革者松陰に着目する立場に近い。

松陰は、幕末の日本が西洋列強の圧迫による存亡の危機に対応して社会変革をなし遂げていく歴史的過程の初頭を生き、日本社会の変革の方向を先取りして提示した。彼の提示したのは、封建割拠体制を超克して天皇を中心とする統一国家の構想であり、近代日本は、この構想の方向に向かって（ただし、松陰がこの構想に託した意味を多少とも変更しながら）、展開していく過程であったといえる。そうした近代日本の生成は、封建割拠体制に照応するエートス（倫理的性格）の転換という、重大な精神のドラマなくしては起こり得なかった。本書が試みるのは、松陰が社会に対してどのような社会変革のビジョンを示し、変革を方向付けたかということであるよりは、変革を志向する彼自身に起こった精神・エートスの転換の過程の叙述である。

本書は、松陰の精神の構えとでもいうべきものに重く着目しつつ、彼の生誕から処刑による死までの生涯を辿《など》る。叙述は、封建割拠社会のエートスから近代国家のエートスという大枠の観点をとるものの、ほぼ時を追って松陰の状況への具体的対応をみていく形をとっている。その意味で、松陰の中の多様なあるいは矛盾する要素を、あるがままに示すことにもなる。それが、右に述べた大枠の観点を越える別の松陰の像を見てとることを可能にするかもしれない。松陰の生涯は、それを可能にする豊かな内実をそなえている。

いずれにしても、本書は、松陰の行動や思想を、政治的・経済的・社会的な要因などの外部的な事情によって説明するよりは、彼の志向に即して理解する行き方をとった。基本的に、松陰の内面に密着する形で、彼の言動を彼自身のいうところに即して把握したのである。以下にみていく松陰の個々の行動・態度は、それぞれ十分に共感を呼ぶものがあるであろうし、また、違和感を覚えることもあろう。だが、現在、松陰の生涯を知る中で学ぶべきことは、そうした個々の行動・態度ではなく、彼が歴史的な変革期において、徐々にではあるにしても確実に、精神・エートスの転換をなし遂げたところにあると考える。それは、現代日本が重大な歴史的変革期であるという思いによるものである。

本書の中での引用は、明示するもの以外は、すべて松陰自身の書簡・著述からであり、典拠は、原則的に『吉田松陰全集』原典版・普及版・大和書房版である。書簡については、日付と宛先《あてさき》を示して書簡であることを示しておいた。なお、歴史的事実については、維新史料編纂会《へんさんかい》編修『維新史』に多く依拠している。

目次

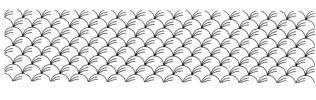

龍飛崎
盛岡
久保田
(秋田)
仙台
新潟
小木
若松
出雲崎
水戸
銚子
江戸
浦賀
下田
富海
京都
須佐
大坂
山田
萩
厳島
五條
赤間関
(馬関)
多度津
平戸
熊本
鶴崎
長崎
吉田松陰関連地図

I　修業時代

近親による教育

松陰の生家

吉田松陰は、文政一三（一二月一〇日に天保《てんぽう》と改元）年八月四日（一八三〇年九月二〇日）に、長州藩士の父杉百合之助、母児玉氏瀧《たき》（実は毛利志摩家臣村田右中《すけなか》の三女で児玉太兵衛《たへえ》の養女として嫁す）の次男として長門国萩郊外松本村護国山の麓、団子岩（山口県萩市椿東字椎原《ちんとうあざしいばら》）に生まれた。通称は初め虎之助、後に大次郎、松次郎、さらに寅次郎と改めた。名は矩方《のりかた》、字は義卿《ぎけい》、または子義《しぎ》。松陰は、嘉永五（一八五二）年一一月頃から用い始めた号であり、また二十一回猛士の号は嘉永七（一一月二七日に安政と改元、一八五四）年一一月から用い始めた。本書での名は、便宜上、吉田松陰で通すこととする。

松陰の二歳上に長男梅太郎がおり、二歳下に長女千代、やや間が離れて妹寿、艶、文、そして弟敏三郎（初め安三郎）がいる。父の弟は二人おり、すぐ下の弟大助は山鹿流《やまがりゅう》兵学師範の吉田家に養子に行き、その下の弟文之進は玉木家に養子に行き、それぞれ家督を継いだ。

杉家は、長州藩の家格では無給通《むきゅうどおり》といわれる下士《かし》で、家禄二六石であったが、松陰の曾祖父《そうそふ》の代に藩政府より借金をしたため三石減らされて正味二三石、藩財政窮乏の折、これが馳走米を供出させられてさらに減少することもあった。役付になって手当がついても苦しいことは確かである。杉家の屋敷は、もと萩城下にあったが、松陰の祖父の代に萩城下の大火で類焼して家屋と家財を失って以来、転々としてようやく萩郊外松本村に落ち着いた。ここでは農耕に従事することができたので、その分補いができた。一家総出の農作業を基本とする自給自足が、杉家の家計を支えたのである。

杉家略系図

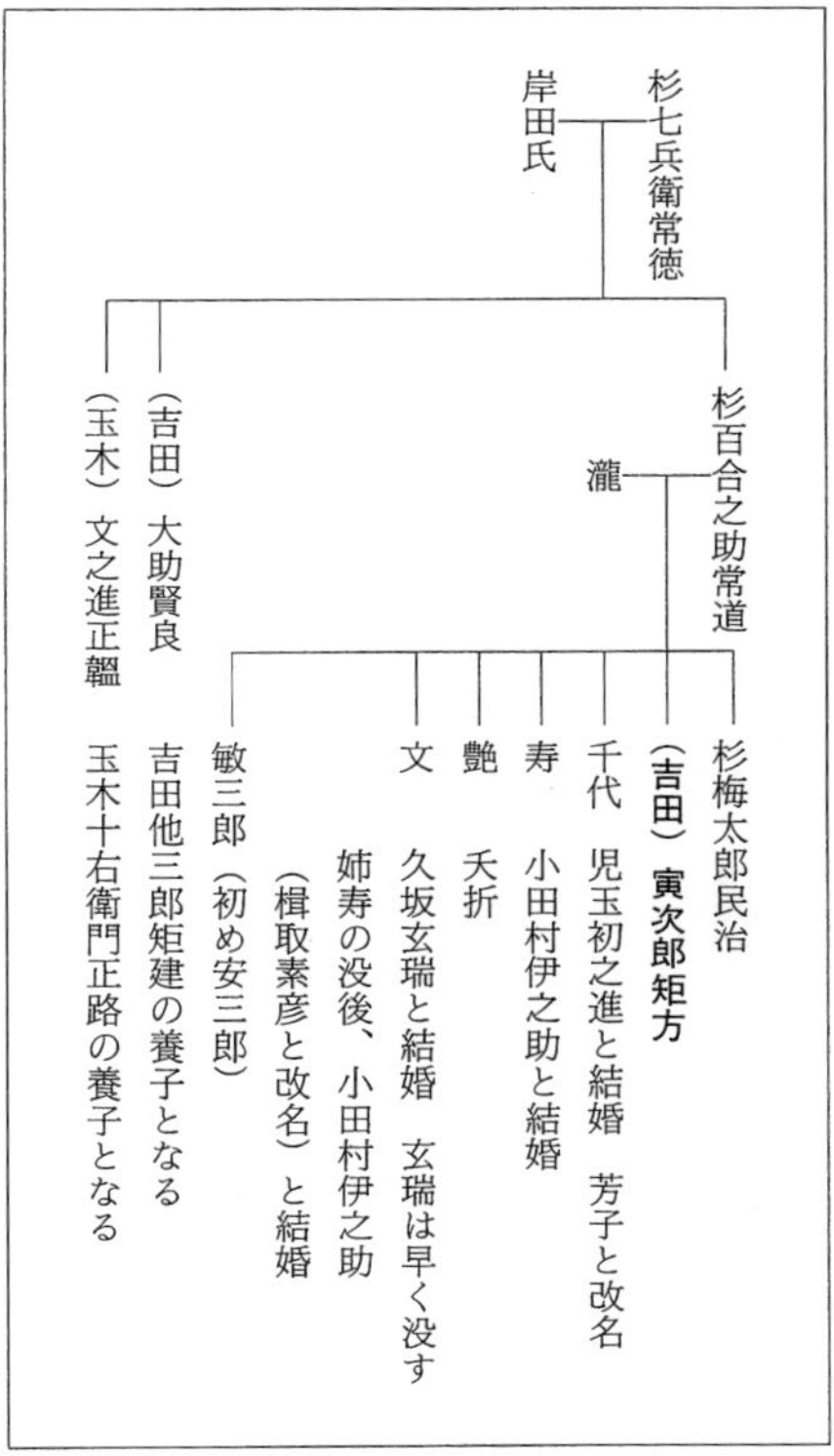

杉家の家風

杉家は、貧しかったが、円満であった。松陰は、和気に満ちた家庭に、自ら直接農作業に携わる生活の中で育った。彼が、終生、倹約を旨として財貨を求めず、高位高禄を得ているものを「肉食者」（嘉永六年八月八日付、杉梅太郎宛）と呼んで彼らの怠慢や無責任を厳しく批判するのも、そうした生い立ちと関係があろう。杉家の家風について、彼自身は、次のように書いている。

杉の家法に世の及びがたき美事《びじ》あり。第一に先祖を尊び給ひ、第二に神明を崇《あが》め給ひ、第三に親族睦《むつま》じくし給ひ、第四に文学を好み給ひ、第五に仏法に惑ひ給はず、第六に田畠の事を親《みずか》ら

し給ふの類なり（安政元年一二月二日付、妹千代宛）。

松陰は、親族の和睦《わぼく》・相互扶助と直接農作業に従事する生活とを、杉家の家風の「美事」としている。また、彼は、杉家の家風を、先祖や神明への崇拝と仏教の排斥という宗教的態度及び「文学」への愛好に認めている。注目したいのは杉家の「文学」への愛好である。松陰の祖父七兵衛は読書をはなはだ好んで、父百合之助もそれを受けて学業に精を出した。百合之助の親しんだ書物は、四書五経のほかには、主に日本の正史や主家毛利氏の歴史などの歴史書であった。これは、彼の毛利家への忠義心と尊王《そんのう》の志を示すものである。

「文政十年二月十六日の詔書」　百合之助の尊王の志については、次のような逸話がある。文政一〇年（一八二七）二月一六日、朝廷は、一一代将軍徳川家斉《いえなり》を太政大臣《だいじょうだいじん》に任じ、その世子《せいし》家慶《いえよし》を従一位に叙する詔書を発した。これまでの慣例は、将軍世子は元服とともに従三位に叙せられ、将軍宣下によって正二位となって、将軍の官は右大臣、左大臣に留まり、その没後に太政大臣を贈られるのを常とした。家斉父子の扱いは破格の厚遇であり、世間は徳川氏の栄誉を讃《たた》えたが、百合

之助は違った。彼は、家斉父子がいながらにこの厚遇を受けたことを伝え聞くと、朝廷を遥拝《ようはい》して泣きながら、「王室の式微、武臣の跋扈《ばっこ》、終《つい》に此《これ》に至れるか」と語ったという（「杉恬斎《てんさい》先生伝」）。この逸話は、百合之助の尊王の志の厚さと徳川幕府への屈折した思いを示している。そして、このような意識を成り立たせる背景が長州藩にはあった。

毛利家の勤王

幕府への反感

長州藩主毛利家は、朝臣大江氏の末裔《まつえい》であることを誇りとし、勤王《きんのう》の志に厚かった。長州藩成立の基礎を築いた毛利元就《もとなり》は、朝廷に勤王を心がけ、朝廷に寄進・献金をして官位を授けられたが、それ以来、朝廷への献上は毛利家の慣例となり、勧修寺《かじゅうじ》家を取次として毎年の年末年始に行われた。大名が幕府を介することなく直接朝廷とこうした関係をもつことは、徳川時代において、全くの例外である。

長州藩と徳川幕府との関係は、逆に厳しいものがある。毛利家は、元就の時に中国地方一〇か国を支配する大大名に成長した。孫の輝元《てるもと》は、豊臣秀吉と講和してこれに従属して八か国一二〇万石の領有を安堵《あんど》され、五大老の一人となり、当時、同じく五大老の一人徳川家康とは同格であった。だが、関ヶ原の合戦で、輝元は西軍に属して敗れ、領地はいったん召し上げの上、改めて徳川家より周防《すおう》・長門二国の三六万九〇〇〇石を与えられるという、大幅な削減を受けた。以後、長州藩には、徳川家への恩義と屈辱の屈折した意識が持ちつづけられるのである。

このようにみると、先の文政一〇年の詔書に対する杉百合之助の反応は、朝廷と幕府に対する長州藩の人々に何程か共有されていた意識の現れとみることができる。

杉家の好学

さて、百合之助は、長男梅太郎と次男松陰を連れて耕しつつは教えて、四書五経の素読《そどく》をおおむね田圃《でんぽ》の間で授けおわった。他に、彼が主として誦読《しょうどく》して聞かせたのは、「文政十年二月十六日の詔書」や、菅茶山《かんちゃざん》・頼山陽《らいさんよう》らの詩文で、尊王と毛利家への忠義を教えることが中心だった。

だが、松陰の教育にもっとも貢献したのは、叔父玉木文之進である。文之進は、天保一三（一八四二）年に自宅で松下村塾《しょうかそんじゅく》を開いた。松下村塾といえば松陰を思い起こすが、この名で塾を開いたのは、文之進が最初である。彼の学問は、宋学《そうがく》を主とし、歴史に学んで尊王や主家への忠義に厚かったが、さらに山鹿流の軍学に通じていた。松陰は、兄とともにこの叔父の塾に通ったのである。梅太郎・松陰は人も羨《うらや》む仲のよい兄弟で、常に揃って父と叔父の教育を受けた。教育の場はこの近親以外にはなく、それに、松陰は遊びらしい遊びはしなかった。彼は、手習いや書物を読むのが好きで他家の子供たちが大勢で遊びをしていても振り向きもせずにじっと書物を読んでいる風であった。

自給自足の教育

松陰の教育環境は、近親という閉じた小世界であった。彼は、父母・叔父・兄・妹といった近親の中で生活し、そこで教育を受け、同世代の子供との交渉はほとんどなかった。杉家は、経済的な面だけでなく、教育の面でも自給自足であった。近親相互における教育は、教育と日常生活を切り離すことができず、教える側も教えられる側も、二六時中、何程か教育的関係の中にある。この教育は、絶えず価値的向上を求める緊張に満ちた態度を、教える側にも教えられる側にも強いる。これは、裏表なしに価値的向上を求めつづけることであり、通俗的にいえば、建て前と本音の使い分けなしに、建て前だけで生活しつづけることである。このような近親相互の教育は容易に堕落するが、そうでなければ、不可避的に厳格なものとなる。父も叔父文之進も、松陰の教育にあたって極めて厳格であり、しかも松陰はそれによく耐えた。この厳格さは、松陰が武士としての教育を受けたことを示すものである。

外柔内剛

この父と叔父による厳格な教育について、妹千代が、後年に、次のように語り伝えている。

松陰が年少の頃、実父、又は叔父の許にて書を学ぶに、実父も叔父も極めて厳格なる人なりしかば、三尺の童子に対するものと思はれざること屢々《しばしば》なりしと。母の如き側に在りて流石に女心に之れを見るに忍びず、早く座を立ち退かば、かかる憂目に遇はざるものを、何故寅次郎は躊躇するにやと、はがゆく思ひしとか。かく松陰は極めて柔順にして、ただ〳〵命のままに是れ従ひ、唯だ其の及ばざらんことを恐れたり。されども外柔なる松陰は内はなか〳〵剛なりき（松宮丹畝「松陰先生の令妹を訪ふ」）。

父・叔父の厳格な指導から決して逃げ出さず、柔順に従う松陰の意志はまことに強固である。彼は、外柔内剛の人であった。彼は、内に不屈の意思を秘めつつ、外面は温柔であり、親に孝、長じて主君やさらには天皇に対して忠であろうとした。彼は、長上、同輩、目下、誰に対しても温柔であり、親切であった。このことも、松陰が親族の中での小世界で成長したこととかかわるであろう。松陰の親族は、いかに厳格であるにしろ、その根底において、和合親愛に満ちたものであり、情愛に満ちた環境が、人間一般への根本的な親和・信頼の感情を、松陰に植え付けたと考えられる。

「正直」と「人の為め」

和気に満ちた近親の小世界の中で厳格な教育を受けたことが、松陰に与えた重要な刻印は、彼の正直と利他的態度である。千代は「松陰は正直を重んずること尋常に過ぎたり。（中略）松陰が「人の為め」に計りて親切なるは其の天性に出づ」（「松陰先生の令妹を訪ふ」）と回想している。近親相互の教育における建て前と本音を分けないあり方が正直な性格を形作り、また、近親の情愛に十分に浴して成長したことが、人のために献身を心がける利他性を育んだとみられる。

松陰は、幼時の近親を中心とする生活の中で、意志の強固さ・人のよさ・正直・利他性といった性格をそなえるに至った。こうした性格の根底には、素朴な自己肯定ないし自己確信がある。松陰の人格形成は、近親による教育の中で据えられたこうした性格の基盤の上になされていくのである。

兵学修業

山鹿流兵学師範吉田家を継ぐ　松陰は、天保五（一八三四）年五歳の時、父のすぐ下の弟吉田大助の仮養子となった。身柄は相変わらず実家の杉家にある。大助は、剛直な性格であったが病弱で、翌天保六（一八三五）年四月三日に世を去り、松陰は、同年六月に吉田家を継いだ。養母久満《くま》は子もなく実家に帰ったので、松陰は、杉家に同居しつづけた。吉田家は、山鹿素行《やまがそこう》を開祖とする山鹿流兵学をもって長州藩に仕える兵学師範の家柄で、家格は大組《おおぐみ》で中士の上、禄高五七石六斗であった。松陰は吉田家を継いだことにより、兵学師範となる宿命を背負った。彼の人格形成に向けての修業は、この時より兵学修業という明確な焦点をもつことになる。

松陰の修業時代は、大きく二つの時期に分かれる。その前期は、幼少期から松陰二一歳、嘉永三（一八五〇）年八月までの長州藩内の兵学修業の期間である。彼は、この時期に、兵学師範として独立して活動し得るまでに成長した。修業時代の後期は、長崎遊学、江戸遊学、そして東北諸国の遊歴を終えて長州に帰国する、松陰二三歳、嘉永五（一八五二）年一二月頃までの、長州藩外の遊学の期間である。この時期には日本各地を遊歴して、広く天下の人士と知り合い、未見の書物に接して大いに知識や見聞を広めた。

兵学修業の指導者

さて、兵学修業の前期である。幼少の松陰の修業中は、吉田家学の高弟である林真人《まなと》・玉木文之進・石津平七・山田宇右衛門らが家学代理教授に任じられた。松陰が家学教授見習いとして初めて藩校明倫館に登ったのは、天保九（一八三八）年正月、九歳の時であり、翌年一一月に家学教授を初めて行った。この時点で、代理教授は廃されたが、この後に林・石津・山田・文之進らが入れ代わりながら家学後見をした。

山鹿素行。山鹿流兵学の開祖

松陰の家学山鹿流兵学の教育にあたったのは、代理教授や後見に任じた人々であるが、もっとも密接にかかわったのは文之進である。彼は、山鹿素行以来三人以上には伝授しない三重極秘伝の伝授を受けていた。また、同じ三重極秘伝を受けていた林も重要な役割を担った。後のことをここで述べてしまうと、松陰は、弘化四（一八四七）年一月、一八歳の時に、林から大星目録の免許返伝を受け、嘉永四（一八五一）年正月、二二歳の時に三重極秘伝の返伝を受けるのである。

この時期の松陰に大きな影響を及ぼした人物に山田宇右衛門がいる。山田は、西洋列強の日本侵略に対する危機意識を喚起し、海防論を研究する意欲を刺激した。イギリスが清国を屈服させたアヘン戦争は、松陰一一歳、天保一一（一八四〇）年に勃発しており、その前後、日本の海辺には、ロシア、イギリス、アメリカ、フランスの船が頻々《ひんぴん》と出没して、人々の不安を呼び起こしていた。山田は、海防論を松陰の兵学修業上の重要課題として位置づけさせたのである。

松陰は、山鹿流以外の他の兵学流派も積極的に学んだ。山田亦介《またすけ》より長沼流兵学を学んで免許を受け、守永弥右衛門より荻野流砲術を、さらに飯田猪之助より西洋陣法も学んでいる。旺盛な修業であり、一流一派に偏しない柔軟な態度がうかがわれる。

「親試」で藩主の賞賛を受ける

松陰の兵学修業は着実に成果を挙げていた。彼が、天保一一年、一一歳の時、初めての親試で「武教全書」戦法篇三戦を講ずると藩主毛利慶親《よしちか》（はじめ敬《たか》親《ちか》、藩主になって将軍徳川家慶の名を一字もらって慶親と改名、禁門の変の後にまた敬親と改名）はその巧妙さを讃《たた》えて師は誰かと問うと、側近が玉木文之進であると答えたので、玉木は大いに面目を施した。

このいくつか行った親試の中で注目したいのは、嘉永三（一八五〇）年八月二〇日、松陰二一歳の時に行った「武教全書」守城篇「籠城《ろうじょう》の大将心定めの事」の講義である。「武教全書」本文は、「籠城して降参する意思があるなら、初めから籠城せず和議を結んで臣下となればよい。籠城するときには、負けたら切腹することを覚悟すべきである」と、籠城戦にあたっての大将の覚悟を説くものである。ところが、松陰は、これを節義を守るために死地に身を置いて籠城するのだとする。大将が死を賭して国や領地を守ることが節義を守ることであり、戦わずして降伏することはもちろん、籠城して降伏することも屈辱であり、節義を守ることではないというのである。彼は、ここで、籠城戦に限らず、戦い一般の心構えとして、死を覚悟して徹底的に戦い抜くことを説く。松陰はこの講義で、中国の歴史における、南宋の金・元への屈服、明の英宗のモンゴルのオイラート部への捕虜、清のアヘン戦争でのイギリスへの敗北などの事件に言及して、西洋列強の日本への圧迫に思いを致している。彼は、「武教全書」の籠城戦の心構えを戦闘一般の問題に読み替えて、さらに現在の日本の国家的危機における決死の心構えを喚起しようとしたのである。

長州藩主毛利慶親。「禁門の変」の後に敬親と改名

この講義は、藩主慶親をいたく感動させて、山鹿流兵学を兼流する決意を起こさせた。松陰は、親試を通じて藩主慶親の個人的な知遇を得て、親愛と信頼をうけるようになっていくのである。

意見書の提出

弘化五（一八四八）年（二月二八日に嘉永と改元）正月、

一九歳の時、松陰は後見を解かれて独立した兵学師範となった。彼は、藩政府に意見書を提出する機会をもつようになり、嘉永元年一〇月、藩校明倫館の再建に際して、「明倫館御再興に付き気付書」を書いた。これは、文武興隆の方策を説いたものである。彼は、まず文道武道の成績に応じて「賞罰」を与える必要を説き、次に「風俗」を論じて、囲碁・将棋などの遊芸や詩歌・書画・印刻・煎茶などの風流は文武にとって弊害があるとし、さらに文武の稽古の「稽古日」の設定と出欠の確認を提案した。また、成績評価のための試験の方法を示し、成績によって人材登用をはかる「選挙」を提案している。

この意見書の面白いところは、藩校の文武興隆の方策を論じながら、藩政批判に及んでしまうことである。彼は、藩の上下の意志疎通が円滑でないことは古今の通弊であり、その改善が文武興隆の第一義であるとする。また、身分によらない実力による人材登用を主張しているが、これは身分秩序を基本とする封建社会の根幹にかかわる問題を突いているのである。

地理学の重視と実学的精神

嘉永二（一八四九）年三月、外国勢力との水戦・陸戦について論じた「水陸戦略」を外寇《がいこう》御手当方に提出した。これは、「用兵の法預《あらかじ》め地理を弁《わきま》へず候ては戦略も語るべき様之れなく候《そうろう》」と、兵学における地理学的観点の重要性を主張し、この観点からイギリス、フランス、ロシアの軍船に包囲された形の日本の危機を指摘して、軍備の充実と兵学の改革を説いている。

この時点の松陰の兵学は、甲州流・北条流等を踏まえ、山鹿流を中心とする日本の伝統的兵学を基本としている。彼は、伝統的兵学は今日の時勢に合うように改変し得る可能性が十分あるという。そして、伝統的兵学の改革のために、西洋兵学にも採用すべき点があるとして、このことを、「彼《か》れを知り己《おのれ》を知れば、百戦殆《あやう》からず」（「孫子」謀攻）とする「孫子」の兵法の精神から導き出している。この精神によれば、敵である外国の研究は重要であり、とくに、軍備という国の大事については、他流派はもちろん、外国の兵学の長所を受け入れる柔軟な態度が大切なのである。こうして、松陰は、西洋の砲を日本流の装置に結びつける説を現実に試して「実効」をみることが重要だと述べる。ここには、兵学を通しての実学的精神がある。

「水陸戦略」をみると、松陰が、伝統的兵学を徹底して学ぶことによって、敵と味方とを知らなくては戦いはできないとする兵学の基本に発する旺盛な知への関心と、知を現実に照らして有効性を確証しようとする実学的精神を身につけていたことがわかる。しかも、これは地理学的視点と密接に結びついていた。

松陰は、「水陸戦略」提出後まもなく、異船御手当御内用掛に命ぜられ、嘉永二年七月、藩の兵学者や砲術家らとともに、長門国北海岸から西海岸一体（須佐・大津・豊浦・赤間関《あかまがせき》など）の防備の状況についての船による視察に出た。この時の松陰の視察日記が「廻浦紀略《かいほきりやく》」である。これには、訪れた土地の地勢・人口・人々の気風・土地と土地の距離などが克明に記されている。これは、地理学を兵学の根本におく松陰の学問のあり方を具体的に示すものである。

嘉永二（一八四九）年一〇月、松陰は、門人を率いて萩城東の羽賀台《はがのだい》で軍事演習を行った。この演習の大将には、長州藩永代家老益田弾正《だんじょう》が任じた。弾正は、この年三月に兄親興が、閏《うるう》四月に父元宣があいついで没したため家督を継ぎ、六月に松陰に入門していた。以後、松陰の庇護者としての役割を担うことになる。

同じ一〇月一日、幕末維新の中心人物の一人桂小五郎（後の木戸孝允《たかよし》）が松陰に入門した。また、この年、江戸の剣客斎藤新太郎が剣術指導のために萩に来て一年間滞在し、翌三年四月一日、松陰に入門している。

兵学者の精神

松陰の兵学修業が、彼の人格形成の上でもった意味を考えてみる。兵学は、戦闘に関する方法論、つまり敵に勝つための戦略論・戦術論の学問である。それは、人々が戦闘者として武力をもって相互に対峙《たいじ》する武士社会の本質の要請するものである。松陰は、兵学者として武士社会の宿命を刻印されていた。武士社会の宿命とは、自己の外部の他者を陰に陽に敵と意識し、他者と対峙し打ち勝つという課題をもつことである。この自己の外部に敵を意識する武士的精神は、松陰における他者・社会に対する調和的な態度と矛盾する面をもつ。松陰は、他者ないし社会に対して、根本的には、親和的態度をとった。彼は、国内における個人的な場面や藩相互、また長州藩と幕府の敵対関係をさほど重視してはいない。

松陰が、たえず意識する敵は、西洋列強である。もっとも、西洋列強に対する彼の敵視は、日本への圧迫や非礼といった合理的根拠にもとづくものであり、外国であるというだけの、いわば感覚的理由によるものではない。松陰には、外国人も含む人間一般に対する、根源的な親和感というべきものがある。

天皇と日本への忠義

ここでは、松陰が、西洋列強への敵意をもったことの意味に注意したい。

このことは、藩を越えたより大いなる日本国家の防衛の意識をもったことを意味しており、それはまた、深いところで天皇への忠義と結びついている。彼の天皇への忠義は、幼時の教育の中に準備されていた。彼が、主要敵を西洋列強とし、これと相関的に、忠義の対象として天皇と日本国家を意識し始めたことは、彼のこの後の思想形成の方向をあらかじめ示す意味で重要なのである。

これまでは、松陰の長州藩内での兵学修業に即して彼の人格形成をみてきたが、次には、兵学修業の後期、藩外への遊歴活動をみることとしよう。

諸国遊歴

平戸への遊学

松陰は、二一歳の時、嘉永三（一八五〇）年八月二五日、兵学研究のため平戸に向けて萩を出発した。平戸には、山鹿流兵学者葉山左内がおり、葉山への従学願書が藩政府から認められたのである。家学の研究だけでなく、平戸に行く途中、海防問題の情報の中心地である長崎に寄ることも大きな目的だった。出発前に長崎表《ながさきおもて》御鉄砲方久松土岐太郎と兵学談義をするために平戸往来の節に長崎へ立ち寄る許可を受けている。平戸には五〇日余り、平戸往復の途中に長崎にあわせて三〇日弱滞在した。そのほか、島原・熊本・柳川・佐賀にそれぞれ数日滞在した。

この時の旅行記録が「西遊日記」である。この日記も、「廻浦紀略」と同じく、豊富な地理についての記録となっている。これは、松陰の旅行日記にすべて共通することである。「西遊日記」は、むろん地理的記録だけでなく、多くは松陰の行動の記録である。これによると、彼は、知名の人士と面会し、彼らから書物を熱心に借覧した。彼は、旅行の初めに馬関（赤間関のこと・現在の下関市）で風邪で寝込んだ際も、往診の医者から帆足万里の「東潜夫論《とうせんぷろん》」「入学新論」を借りて読んでいる。人に会えば天下・国家・地域の事情を問い、有為の人物を問い、有益な書物を問うてやまなかった。

この旅行で松陰の読んだ主な書物は、帆足の本に始まり、三宅観瀾「中興鑑言」・王陽明「伝習録」・葉山左内「辺備摘案」・佐藤一斎「大学古本旁釈」「愛日楼文集《あいじつろう》」・塩谷宕陰《しおのやとういん》「阿芙蓉彙聞《アヘン》」・魏源「聖武記《せいぶき》」「聖武記附録」「近時海国必読書」・会沢正志斎《あいざわせいしさい》「新論」・山鹿素行「配所残筆」・原念斎「先哲叢談《せんてつそうだん》」・呉兢《ごきょう》「貞観政要《じょうがんせいよう》」「百幾撒私《ペキサンス》」「台場電覧」「炮台概言」・頼山陽《らいさんよう》「新策」・大塩平八郎「洗心洞箚記《さんしんどうさつき》」・高野長英《たかのちょうえい》「夢物語」・陳倫炯《ちんりんけい》「海国聞見録」「鴉片陰憂録《アヘン》」「漂流人申口」などである。

また、この旅行で会見した主要な人物は、長崎では砲術家高島秋帆《たかしましゅうはん》の子浅五郎・中国語訳官鄭幹輔《ていみきすけ》、平戸では葉山左内・山鹿万介、熊本では宮部鼎蔵《みやべていぞう》・池部啓太、佐賀では草場佩川《くさばはいせん》・武富圯南《たけとみいなん》である。長崎では、唐館・蘭館に見学に行き、蘭船にも乗船して見学した。

山鹿万介と葉山左内

松陰は、この旅行の主要な目的地平戸では、まず葉山左内を訪れている。家学の宗家である山鹿万介にも入門して、その講義を聞き、門人の順講にも参加している。だが、松陰の印象では、山鹿塾の文献研究は精密であるが、万介は平戸藩家老格で威張った感じであり、学才がないと思われた。山鹿塾ではさして得るところがなかったようである。

松陰は、家学の文献研究よりも、海防問題の方に関心をもっていた。右に挙げた松陰の読んだ書物の中には、アヘン戦争に敗北した中国の状況や世界の情勢を記したものが多く、西洋の軍事技術に関するものもある。彼は、これらを読んで、西洋列強が東洋に進出してアヘン戦争で中国を屈服させ、日本にまで迫っているという状況をより深くつかみ、海防問題への関心をますます深めていったのである。

葉山左内は、松陰の関心に応えて、多くの書物を貸してくれた。彼は、篤実な人柄で親切に接してくれ、松陰との間に親密な人格的交流ができた。葉山は、山鹿流兵学に通じていた上に、佐藤一斎の門人で陽明学にも学殖が深く、松陰に陽明学への関心を喚起したのである。

「新論」を読む

松陰が、陽明学に親しんだことは、海外事情や軍事技術の知識を根本のところで支える、人間や社会についての思想を求めていたことによる。この意味でより重要なのが、会沢正志斎の「新論」を読んだことである。「新論」は、幕末期の尊王攘夷運動の担い手にとってバイブル的な書物であり、松陰もこの後愛読することになる。「新論」は、西洋列強の東漸《とうぜん》が思想的・軍事的・経済的侵略の性格をもつことを指摘して、天皇を頂点に戴く日本独自の国家的体制（「国体」）を確保するために、祭祀典礼による宗教政策を構築し、徳川幕府を中心に諸大名が軍事・民生を充実して民衆の日本国家への求心力を調達することで国家的統一を実現して、外国勢力に対抗することを説く。松陰は、「新論」を通して、対外的危機に対応する、日本の国家的統一の重要性についての認識をわがものとした。

志士のネットワーク

日本の国家的統一という点からすると、松陰が、各地で知名の人士と出会ったことも重要である。彼らとの出会いは、松陰に海防問題についての多くの知見をもたらしただけでなく、藩の枠組みを越えて共通の危機意識をもつ人々との人的ネットワークを作り上げていった。

宮部鼎蔵との出会い

松陰と熊本の宮部鼎蔵との出会いはその典型的な例である。宮部は、松陰より一〇歳年長で、医家に生まれたが山鹿流兵学者となり、国事に志して横井《よこい》小楠《しょうなん》とともに熊本における憂国の志士の指導者的存在であった。松陰は、一二月一一日に熊本で宮部と初めて会って親交を結び、以後畏敬の念をもって兄事する。

松陰の九州遊学は、はじめ一〇か月の予定であったが、病気を理由に四か月余りで萩に戻った。病気がちであったことは事実であるが、この旅行における松陰の活動と成果は並々ならぬものがあり、読書量も驚異的である。遊学を早く切り上げて帰国したのは、次のような一連の流れからすると、松陰が平戸・長崎での勉学に見切りをつけ、江戸への遊学を希望したのではないかと思われる。そして、それを許容する藩政府部内の状況もあったのであろう。

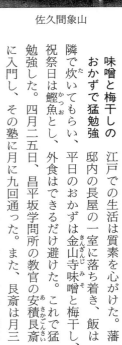

江戸への遊学

松陰は、一二月二九日に萩に帰着した。なお、実家杉家は嘉永元年に団子岩から松本村清水口へ転宅したので、このとき戻ったのは清水口の杉家である。さて、翌嘉永四（一八五一）年正月、林真人から山鹿流兵学の三重極秘伝の返伝をうけ、正月一五日、この極秘伝を藩主毛利慶親に伝授した。この後、松陰は、正月二八日、軍学稽古のための江戸遊学の辞令を藩政府よりうける。三月五日、彼は、藩主の参勤交代による東上にしたがって萩を発ち、中《なか》谷《たに》正亮《しょうすけ》・井上壮太郎と同行して、四月九日に江戸桜田門外の長州藩邸に着いた。この間の記録が「東遊日記」である。途中、松陰は、湊川で楠《くすのき》正成《まさしげ》の墓に詣り、「楠公墓下の作」という漢詩を作っている。また、岡崎では、藩主からの酒を戴いたことに大いに感激している。彼の藩主への忠義は、こうした人格的関係に深く根ざしている。

佐久間象山

味噌と梅干しのおかずで猛勉強

江戸での生活は質素を心がけた。藩邸内の長屋の一室に落ち着き、飯は隣で炊《た》いてもらい、平日のおかずは金山寺《きんざんじ》味噌《みそ》と梅干し、祝祭日は鰹魚《かつお》とし、外食はできるだけ避けた。これで猛勉強した。四月二五日、昌平坂学問所の教官の安積艮斎《あさかごんさい》に入門し、その塾に月に九回通った。また、艮斎は月三回長州藩邸に講義に来るのでこれに出席する。外に藩邸で、兵学会、「中庸」の勉強会も作ったし、藩主臨席の学会が月に二回ある。さらに、藩邸内外の勉学の機会が増えて行く。

五月一四日に洋学者古賀謹一郎に初めて会い、彼の塾にも通うようになり、五月二四日に、江戸山鹿流宗家山鹿素水《やまがそすい》に入門して、月に一二回も通うことになった。同じ二四日、信州松代藩の洋学者・砲術家佐久間象山に面会し、また、肥後の宮部と再会した。宮部と素水門下の長原武《たけき》らと兵書の会を作っている。松陰は、このころ、隔日に乗馬や撃剣をし、艮斎・素水・謹一郎のところへそれぞれ一里ほど歩いて通い、「運動」しているから病気にはならないと述べている。

松陰は、江戸に来て当時一流の人物を歴訪して教えを求め、海防問題の知識を精力的に吸収しようとした。ところが、彼は、早くも江戸の学者の大勢に見当をつけてしまった。五月二七日付、玉木文之進宛書簡に、こんな風に書いている。現在、江戸では、文学・兵学は三種ある。一つは林家・佐藤一斎らで、全く兵事を語る事を嫌い、特に西洋の学術を老子・仏教の害よりもはなはだしいといっている。二つは艮斎・素水らで、西洋の学術には強いて取るべきことはないが、防衛の議論は必要であると研究している。三つは謹一郎・象山で、西洋の学術は発達していて精密であるから有益であると熱心に研究している。自分の考えでは、一の説はもちろん取るに足らず、二と三の説を総合して勉強すれば進歩するであろう、と。

松陰は、江戸に来て師事すべき人物に出会わなかった。後に深く傾倒する象山には、七月二〇日に入門したが、その塾に通うようになるのは一〇月になってからである。象山は高く構えるところがあり、松陰には親しみにくかった。師とすべき人はさしあたりは見つからなかったが、志をともにする友人はできた。江戸の剣客斎藤新太郎、安房（現在の千葉県）の人鳥山新三郎、大垣の人長原武などであるが、とくに重要なのが宮部である。

松陰は、六月一三日から一〇日間ほど、国防の志から、宮部とともに江戸湾口の防衛の要衝である相模・安房の沿岸の調査旅行に出かけた。その延長として、彼らは東北旅行に出かけるのだが、この東北旅行が松陰にとって思わぬ結果を生んでしまうのである。

東北旅行

泣社・仙人

松陰は、軍学稽古の名目で、藩政府に東北旅行の願を出して、七月二三日に許可を受けた。出発は、翌年春で一〇か月間を予定した。彼は、旅行願の名目とは別に、国防の見地から日本全国を調査する希望をかねてもっており、すでに九州、山陽、近畿、安房、相模を調査していたが、未見の東北・北陸・北海道地方にぜひ行きたかったのである。だから、宮部の東北・北陸地方の旅の誘いに喜んで乗った。

この旅行にはもう一つ別の事情があった。友人江帾《えばた》五郎の敵討《かたきうち》の志に感銘を受けて、彼を励ますために同行を約束したのである。江帾は南部藩医の次男で、南部藩の騒動で獄死した兄の敵討を誓っていた。この江帾に関連して、松陰の交遊の様子をみると面白い。江帾の寄宿先は鍛冶橋《かじばし》外桶町《おけちょう》河岸《がし》の鳥山新三郎宅であるが、ここに長州の土屋《つちや》蕭海《しょうかい》・来原良蔵《くりはらりょうぞう》・井上壮太郎・中村百合蔵、熊本の宮部鼎蔵、出羽の村上寛斎《むらかみかんさい》らが集まり、会読し議論をした。彼らは会えば酒を飲み、古今の義士や悪人の策謀の話題になると、感極まって一同皆泣いた。松陰は、この仲間を「泣社」と名付けているが、彼自身は、仲間からは「仙人」と呼ばれていた。彼が、幕末の志士としては例外的に、あまり酒を飲まず、女性関係にも貞潔であったことによる。

亡命

さて、松陰は、当初の計画を変えて、一二月一五日に四か月ほどの予定で旅行に出発することを宮部・江帼と約束した。一二月一五日は、赤穂浪士が吉良上野介を討って本懐を遂げた日であり、この日を選ぶことで江帼の敵討の成功を祈念したのである。藩政府からは、出発日から一〇か月間の旅行許可も受けて、出発の準備をととのえていた。ところが、「過書」という旅行中の身分証明書の交付が、出発の期日に間に合わなくなった。来原が藩政府との間にたって尽力してくれたがうまくいかない。

松陰は、ここで「亡命」の挙に出た。亡命とは、元来戸籍を脱して去ることを意味する（命は名で、名籍すなわち戸籍のこと）が、当時としては脱藩を意味する。これは犯罪であり、処罰の対象になる行為であるから、宮部・江帼に事情を説明して出発を延期すればよいように思われるが、松陰は、そうしなかった。藩の役人との話は自分が後でつけるから約束通り出発せよという来原の言葉もあり、一四日午前に長州藩桜田藩邸を出た。

「皇国の皇国たる所以」　松陰は、この旅行についても「東北遊日記」を書いているので、これによって旅行の経過をみる。松陰は、追っ手を避けて変名を使って、単身水戸に向かった。

途中、笠間で笠間藩の学館時習館教授森田哲之進らに面会し、時習館で「孟子」首章の講義をした。水戸には一九日に着き、水戸藩士永井政助の家を訪ねた。宮部・江幡は、一五日に泉岳寺の赤穂浪士の墓に参詣してから出発し、二四日に松陰と合流した。彼らは、永井宅を根城に水戸に一か月ほど滞在して周辺を旅行し、銚子にまで足を伸ばしている。

松陰の水戸訪問は、大いに有益であった。水戸人はよく人を受け入れる風があり、藤田東湖は謹慎中で会えなかったが、会沢正志斎《あいざわせいしさい》や豊田彦二郎をしばしば訪ねたほか、桑原幾太郎・宮本庄一郎らと議論をした。とくに、松陰は、「新論」の著者会沢が歓待してくれたことに感激している。彼は、水戸で彼らと談論して日本歴史を通して日本の「皇国の皇国たる所以《ゆえん》」を知るべきことを深く学んだ（嘉永五年六、七月頃「来原良三（良蔵のこと）に復する書」・「詩文拾遺」）。

松前を望む

松陰ら三人が水戸を出発したのは、嘉永五（一八五二）年正月二〇日である。白河に二五日に着いて、江幡は敵を待ち受けるため北上し、松陰と宮部は会津方面へと道を西にとるため、ここで別れることになった。彼らは、別離に堪え難く悶々と滞留して、二八日に別れる時には、宮部は痛哭《つうこく》して江幡の名を数度呼び、松陰は嗚咽して何もいえず、江幡が見えなくなるまで見送った。

二人は、会津若松、越後新発田《しばた》を経て二月一〇日に新潟に出た。新潟から船で蝦夷《えぞ》松前に行こうとしたが船の便がなく、佐渡へ行くことにした。天候不順のため出雲崎《いずもざき》から佐渡への行きも帰りも手間どり、佐渡に着いたのは二月二七日、金鉱や順徳天皇の行在所《あんざいしょ》を見て、出雲崎に戻ったのは閏二月一〇日である。新潟から再び船で松前に行こうとしたが果たさず、陸行することとした。

閏二月一八日に新潟を出発し、酒田、久保田（現在の秋田市）を経て、弘前へは閏二月二九日に着いた。三月五日に小泊から松前を望んだ。今年になって津軽松前間の海峡を外国船が三、四隻通過した話を聞いていた松陰は、このような日本の内懐《うちぶところ》を外国船が堂々と往来することに、改めて危機意識を募らせた。

青森を経て、盛岡に着いたのは三月一一日である。ここで、江幡の親族を訪ね、彼の兄の墓にも参った。翌日盛岡を発ち、中尊寺、松島、塩釜、多賀城《たがじょう》跡を経て、一八日に仙台に着いた。二一日に仙台を出発し、二二日に岩沼から刈田宮を過ぎたところで偶然に江幡に出会う。江幡は、敵討の方策も定まったので、松陰らに会って語り合おうと後を追ったが果たさず、仙台に戻る途中であった。三人は再会できて大喜びで白石《しろいし》、さらに戸沢で同宿し、江幡の方策を聞いたり、浄瑠璃語りを招いて忠臣蔵を語らせ、感激して涙を流した。二四日に別れるとき、松陰は江幡から江戸の諸友宛と師の大和五条の森田節斎宛の永訣の書を託された。

松陰と宮部は、二五日に米沢に着き、会津若松から南下して、下野《しもつけ》（現在の栃木県）に入って日光東照宮を参詣したのが四月一日である。今市、鹿沼、栃木を経て、足利に至って足利学校を参観し、上州館林に入り、ここから利根川を船で下り、関宿で船を乗り換えて江戸川を下って、五日の午前一〇時頃に江戸の江戸橋下に到着した。

帰藩の説得に従う

松陰らが、鳥山宅に行くと土屋蕭海・恭平の兄弟、井上壮太郎、村上寛斎らがいたので、江帾の永訣の書を前に大いに語り合った。夜になって、宮部は熊本藩邸に帰ったが、松陰は亡命の件があるので鳥山宅に残った。翌六日、長州藩邸から井上と山県半蔵が帰藩の説得にきた。説得の趣旨は、一〇か月の旅行許可の期限内に帰藩すれば、藩政府も重罪に処することはあるまいし、罰を受けるにしてもいったん戻って居場所を確保しておく方がよいというものである。松陰は、初めは帰藩を拒否していたが、彼らの説得は再三に及び、宮部も帰藩を熱心に勧めたので、四月一〇日に長州藩邸に戻った。

松陰は、井上らの説得が、帰藩すれば罰を軽微にするという、藩政府の意思を代弁していると思っていた。だが、数日後に帰国の命令が下った。帰国の上の処罰言い渡しであれば罪は軽くない。松陰は話が違うと思った。これは、松陰における人を信じやすい反面の甘さである。このことは、江帾の件についてもいえる。

松陰が亡命したきっかけは、江帾の敵討《かたきうち》の志に感銘したことにあるが、江帾はこのとき敵討を実行せず、この後も無為に時を過ごしているうちに敵《かたき》は病死してしまった。江帾の大言壮語に比しての優柔不断は、後に同志の批判を受けたし、松陰も閉口している。松陰は、江帾の軽薄な言葉に振り回されたのである。

東北旅行の意義

ここで松陰の東北旅行の意義について考えてみる。まず、松陰の旅行記の常として、今回の「東北遊日記」も、訪問した土地についての詳しい地理的記録となっている。彼は、この旅行によって、東北日本の地理的実態を把握することができた。とくに、水戸・若松・久保田・弘前・盛岡・仙台・米沢といった東北雄藩の城下町で、それぞれの藩の政治・経済・軍備・学制・人材等を調べている。これによって、彼は、日本の国防の方策を立てるために必要な基礎的な知識を得ることができた。

松陰は、今回も積極的に人に会い、各地で知己ができた。彼が、この旅行で会った主な人士には、すでに挙げた以外に、若松の志賀与三兵衛・高津平蔵・黒河内伝五郎ら、新潟の日野三九郎・中川立菴《りゅうあん》ら、弘前の伊東広之進ら、仙台の大槻《おおつき》格次《かくじ》・小野寺玄適・国分《こくぶん》平三らがいる。このような人的ネットワークの形成は、封建的割拠体制を越える新しい要素なのである。

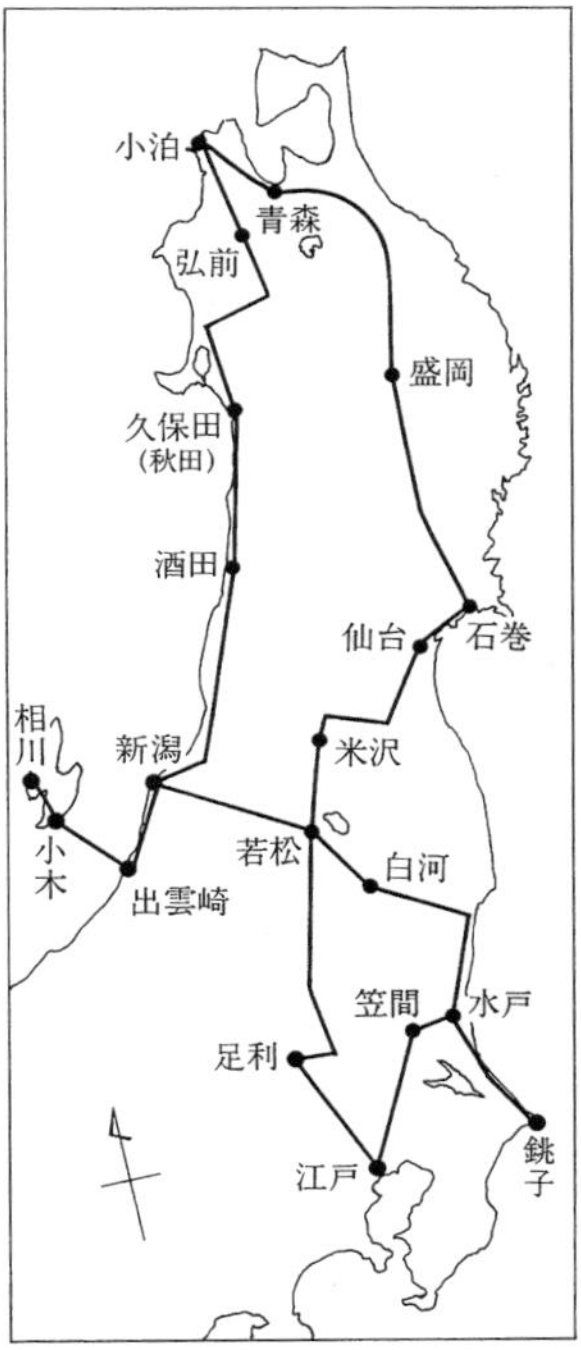

東北旅行の経路略図

多くの人々と会う中で新たに得た知識は、松陰の思想の深化を促した。北辺を脅かす外国船の往来する現場を実見したことは、国家的危機意識を深めることとなったし、水戸で日本の皇国たる所以《ゆえん》の反省を促されもした。その結果、日本の国家の独自性と価値の理論的意味づけが彼の新たな課題となった。

藩に背く忠義

この東北旅行の重要な意味は、亡命の罪を犯したことにより、松陰の身分に大きな変化が生じたことである。彼が、この非常な行動に出た理由は、「大丈夫は誠に一諾を惜しむ」(嘉永四年一二月一二日付、杉梅太郎宛)という点に絞られる。約束の履行は大丈夫として信義を守ることである。重要なのは、これが他藩人との約束であることである。彼は、大丈夫の約束は「国家」(藩を指す)の栄誉と恥辱を決するものであり、もし約束を違えれば他藩人に対する長州藩の恥辱であると考えた。それ故に、藩の栄誉を守るために約束を忽《ゆるが》せにすることなく、やむを得ず藩に背き、一身の罪も顧みなかったのである。

ここには、藩への忠義が藩への背反を導くという、逆説的な論理がある。この逆説を可能にするものは、藩の名誉と恥辱を一身に担おうとする松陰の強烈な自己意識である。この自己意識は、藩への忠義という形をとっているが、それは、現実の藩ではなく自己にとってのあるべき藩への忠義なのである。そのことを、彼は、「仮令《たとい》今日君親に負《そむ》くとも、後来決して国と家とに負かじ」(同上)と述べる。

松陰は、今日藩に背く自己の行為が必ずや将来に藩の忠義になるという。この松陰の自己は、現実の藩に背きながらも、自己にとってあるべき藩の名誉を挙げるという仕方で忠義を尽くす、逆説的な忠義の主体である。そこに、主従関係に生きながら、なお一個の独立した武士としての側面をみることができる。

藩を越える友人関係
二重倫理を越えて

この松陰の強烈な自己に加えて、藩に背く忠義という逆説を生むもう一つの理由は、藩を越える友人関係の成立である。この友人関係は、日本国家の防衛の志をもつ人々との間で成り立っており、日本という国家意識が藩の枠を越えることを可能にしている。

藩を越える友人関係の成立が新しい事態であることは、松陰の亡命に対する藩政府の処置との対比で明らかとなる。彼が亡命により藩政府から受けた処分は、「御家人召し放ち」つまり藩士としての身分の剝奪であった。処分の申し渡しは彼の帰国後であったが、嘉永五年一二月九日付「亡命裁断書」は、次のように述べている。松陰は、出発を延期しては「他国人」へ「違約に及び信義を失ひ面目之れなき事と」思い詰めたなどと申し立てているが、これはお上をはばからないことであり、かえって「他国人へ信義を立て候《そうろう》心底、本末顚倒《ほんまつてんとう》の儀、其の筋相立たず」、この上なく不届きである、と。

藩政府の主張は、主君への忠義を「他国人」への信義よりも優先することであり、一般的にいえば、集団の内部と外部で価値判断の基準を変える二重倫理の主張である。この二重倫理は、徳川日本の封建社会のあり方に照応する。封建社会を特徴づける一つの重要な特徴は、分離・割拠である。徳川日本は、地域的には、幕府と大小約三百の藩が分立・割拠していた。徳川日本は、全体として鎖国をしていたが、分立していた諸地域もそれぞれに鎖国していたのである。ここでは、集団の内部と外部に異なる倫理を認める二重倫理の考え方が、ごく自然に成立する。

松陰の立場は、この二重倫理を越える方向をもっている。むろん、松陰は自国人と他国人という集団の内部と外部の区別を全く否定するものではない。彼は、自己の属する長州藩への忠義の念を十分にもっていた。むしろ、この態度の故に、他国人との違約が、長州人の名誉を傷つけることを危惧して、あえて他国人との信義を守る行動をとったのである。彼が、自国への忠義という二重倫理と共通する立場によりながら二重倫理を越える方向をとるのは、藩を越えた人々相互における信義を尊重したからである。そこには、日本という国家意識を共有する人々相互に結ばれる友人関係が成立している。

日本歴史への関心
教育に携わる

帰国命令を受けた松陰は、四月一八日に江戸を発ち、五月一二日に萩に着いた。はじめ縁戚《えんせき》久保家に、後に父の家に寄寓《きぐう》して、処分を待ちながら読書に励んだ。水戸訪問以来、皇国の皇国たる所以《ゆえん》を知るという課題があるから日本歴史の研究に重点をおき、「日本書紀」「続日本紀《しょくにほんぎ》」などを読んでいる。彼は、このころ、「皇朝、武を以《もっ》て国を立つ」と日本を武の国としている（六月、七月頃「来原良三（良蔵）に復する書」）。彼は、古代日本の盛時には朝鮮を圧伏したのに、いまやその「雄略」はなく、イギリス・フランス・ロシアなどにより海辺を脅かすままにされている「国威の衰頽」を深く嘆いている。天皇を上に戴く皇国は、軍事力の支えなくしてはあり得ないことを、彼は痛感しているのである。

松陰の読んだ本は、日本歴史関係では鴨祐之「日本逸史」「続日本後紀」・蒲生君平「職官志」「令義解」・頼山陽「日本政記」「新策」「日本三代実録」などである。そのほか、「海島逸誌」「八紘《はっこう》通誌」「職方外記《しょくほうがいき》」などの海外の地理書、「史記」「漢書」「十八史略」などの中国の歴史書、「夷匪《いひ》犯境録《はんきょうろく》」「海防彙議」「海外新話」などの海防に関する書、室鳩巣《むろきゅうそう》「駿台雑話《すんだいざつわ》」・細井平洲「嚶鳴館《おうめいかん》遺草《いそう》」などの儒教的な教養書を読んでいる。

松陰は、この間、親族や慕い来る子弟のために「孟子」「小学」の講義や、「詩経」・朱子「名臣言行録」「唐宋八家文」「鴉片《アヘン》陰憂録」・蘇轍《そてつ》や蘇洵《そじゅん》の文の会読をしている。彼は、自ら旺盛に勉強するとともに教育も始めたのである。この時期に講義や会読に加わったのは、杉梅太郎・玉木文之進・玉木彦介・久保清太郎・口羽寿次郎《くちばじゅじろう》・周田《すだ》源八・佐々木小次郎らである。彼らは、文之進は別として、いずれも松陰の兵学上の門下生でもある。このうち、彦介は文之進の嫡子で松陰の従弟にあたり、清太郎は幼少時より文之進の松下村塾で松陰兄弟と共に学んだ間柄である。久保家は、松陰の養母久満《くま》が清太郎の父五郎左衛門の養女として養父吉田大助に嫁したところから、松陰にとって親族同様の関係であった。彼は、五郎左衛門を外叔、清太郎を外弟と呼び、二歳若い清太郎を終生もっとも信頼しつづけた。

「御家人召し放ち」

一二月九日、藩政府は、松陰の亡命の罪に対して「御家人召し放ち」の処罰を下した。松陰は藩士の身分を剝奪され、俸禄も召し上げられ、父百合之助の「育《はぐくみ》」の身分となり、父の監督の下におかれることになった。同日付で来原良蔵・小倉《おぐら》健作・宍《し》道《じ》恒太・井上壮太郎の四人が、松陰の亡命を抑止しなかったかどで「逼塞《ひっそく》」を命じられた。この日、松陰はそれまでの通称大次郎を改めて松次郎とした。なお、これより前、一一月頃より号として松陰を常用するようになっている。

ところで、父百合之助は、藩政府に内諾を得た上で、嘉永六（一八五三）年正月一六日、松陰が一〇か年軍学稽古のため自費で他国修行をする許可を得た。これは、藩政府の内示によることであった。藩主慶親をはじめ藩政府の人々は、松陰に並々ならぬ期待を寄せていた。慶親は松陰の亡命を聞いたとき「国の宝を失ふた」と述べたというが、松陰は、このことを後に聞き及んですこぶる感激している（安政六年二月一五日以前、高杉晋作宛）。

こうして、松陰は、藩籍を失った代わりに、かねての志である国防のための自由な活動をする立場を与えられ、新たな状況へと進んで行くのである。

II　海外渡航

ペリー来航

嘉永六（一八五三）年正月一六日に遊学許可を得た松陰は、正月二六日に萩《はぎ》を発って江戸へ向かった。なお、一六日から二六日の間に、通称を松次郎から寅次郎に改めている。萩を発った松陰は、富海《とのみ》から瀬戸内を船で大坂に向かう途中で、岩国の錦帯橋《きんたいきょう》、厳島《いつくしま》神社、金比羅宮《こんぴらぐう》、崇徳《すとく》天皇陵などを参詣・参観して、二月一一日に大坂に着いた。翌日、砲術家坂本鼎斎《ていさい》、後藤春蔵を訪問した後、一三日、大和五條に江幡五郎の師森田節斎を訪問した。

森田節斎に師事

森田を訪問した目的は、江幡の永訣の書を渡すことと彼の遺文を刊行するために添削してもらうことであり、長居するつもりはなかった。ところが森田の旅行に同伴することとなり、楠正成《まさしげ》の拠《よ》った千早城をみて、河内、和泉から、堺、大坂を経て、五條に戻った。この間、堤孝亭《つつみこうてい》、後藤春蔵、藤沢東陔《とうがい》、坂本鼎斎、谷三山らを訪問した。この後、松陰は、しばらく森田に従学して詩文の道を学び、兵学を捨てて文事に専念しようと迷ったほど、文事に打ち込んだが、断然、江戸に出て兵学を修めることを決心した。

五月一日に五條を発ち、奈良、津を経て、八日には伊勢山田に着き、外宮《げくう》に参詣し、足代弘訓《あじろひろのり》に会った。一〇日には津で、斎藤拙堂《せつどう》や山鹿流《やまがりゅう》兵学者水沼久大夫《きゅうだゆう》らに会った。この後、中仙道を経由して、五月二四日に江戸に到着した。松陰は、長州藩邸に顔を出し、桂小五郎らを訪問して、桶町《おけちょう》河岸《がし》の鳥山新三郎宅に宿をとった。

ペリー来航

二五日には、鎌倉瑞泉寺《ずいせんじ》に母瀧の兄竹院上人を訪ねて大いに談論し、ともに江ノ島に遊んで、六月一日、江戸に戻った。鎌倉への行き帰りに長原武《たけき》を訪ね、六月二日には藩邸に井上壮太郎・道家《どうけ》龍助らを、三日には佐久間象山を訪ねた。松陰は、多くの人物に出会ってみて、象山が当今の学者の中で最高の人物と思うようになっていた。

ペリー。日本より帰還後

松陰が、江戸で本格的に勉学に入ろうとした矢先、アメリカ東インド艦隊司令長官ペリーの率いる艦隊が、嘉永六年六月三日、浦賀に姿を現した。松陰は、四日、桜田の長州藩邸で道家龍助からペリー来航を知らされた。佐久間塾に駆けつけると塾生は皆浦賀に行って留守だった。自分も、浦賀に向かおうとしたが、陸路も船便も途絶しているという風聞である。彼は、このときの心境を、

「心甚だ急ぎ飛ぶが如し、飛ぶが如し」と述べている（嘉永六年六月四日付、瀬能《せのう》吉次郎宛）。午後一〇時頃鉄砲洲で船を雇ったが風潮の具合が悪く、午前四時頃に出発して、午前一〇時頃に品川に着いた。ここで上陸して走り、金沢の野島から大津まで船に乗り、浦賀に着いたのは午後一〇時頃である。翌六日朝、鴨居から海をみるとアメリカ船四隻が停泊している。二隻は汽走軍艦で旗艦サスケハンナ号とミシシッピ号、二隻は帆走軍艦でプリマス号とサラトガ号である。巨大な船に強力な大砲を備えて戦闘態勢をととのえている。日本側は砲台も少なく船も小さく、軍事的劣勢は明らかであった。

ペリーの強硬方針

ペリーは、アメリカ大統領フィルモアの国交を求める親書を日本国の皇帝（将軍）にわたす任務を帯びていたが、七年前の弘化三（一八四六）年、ビッドルが宥和《ゆうわ》的な態度で臨んで、開国要求に失敗した経験を踏まえて、はじめから武力による威嚇と高圧的な態度で交渉に臨んだ。浦賀奉行所与力中島三郎助がアメリカ船の来訪の目的を尋ねるためにサスケハンナ号に赴き、日本の外交の正式な窓口である長崎への回航を要請すると、アメリカ船側は、それを拒否して当地で親書を渡したいと述べ、アメリカ船を包囲している日本船の退去を要求し、退去しないならば武力に訴えると威嚇した。

翌四日には与力香山栄左衛門が再び長崎への回航を求めたが、アメリカ側は断固拒否したばかりか、測量隊を派遣して浦賀港湾の調査をした。日本側の抗議に対しては、自分らはアメリカの法律の命ずることを行っており、それはあなた方が日本の法律に従うのと同じだと述べた。ペリーは、さらにミシシッピ号の護衛のもとに測量隊を江戸湾奥へ侵入させた。これは、強力な軍艦が江戸に近づく勢いを示して威圧し、日本政府の譲歩を引き出そうとする意図によるものであった。

大統領親書の授受

この強硬方針は期待通りの結果を生んで、六月九日に久里浜で、浦賀奉行の戸田氏栄《うじよし》と井戸弘道の二名がペリーからアメリカ大統領フィルモアの親書を受理した。大統領の親書の要点は、日本に対する友好、通商、石炭と食糧の供給及びアメリカ難破民の保護の要請である。日本側は親書を受け取ると退去を求めた。ペリーは、二、三日中に立ち去るが、来年、四月か五月かにもっと多数の艦隊を率いて来るつもりであると述べた。彼が、退去の要請に応じたのは、鎖国下の日本との交渉の困難さをよく知っており、一度の交渉で開国が実現するとは思っていなかったからである。親書授受の翌日、ペリー艦隊は、江戸湾奥に侵入して本牧沖まで至り、江戸市民を震撼《しんかん》させた後、六月一二日に江戸湾口から退去した。

幕府の無策

ペリーの開国要求に対して、幕府に適切な方策はなく、故意に対応を引き延ばして時間を稼いで、軍備をととのえてから交易を拒否する方針であった。幕府は、ペリー退去後にアメリカ大統領の親書を示して幕臣・諸大名・各藩士から一般の人々に至るまで意見の上申を求めた。従来、外交は幕府の専決事項であったから、このように意見の上申を求めたことは、幕府の無策と威信の低下を示すものである。上申された意見の多くは開国拒否であったが、拒否しても戦争では勝ち目がないので、たいていは、原則として拒否論を主張しながら、実際上は、返事を引き延ばすとか、条件つきで要求を受け入れるというものである。断固拒否論を吐いたのは、長州藩主毛利慶親《よしちか》・越前藩主松平慶永《よしなが》であるが、その線でことは運ばなかった。

「国体」の失墜

松陰は、親書授受の行われた九日の晩に浦賀を発ち、一〇日の昼ころに江戸桜田の長州藩邸に着いた。浦賀では一方的に押しまくられた日米交渉の経緯や測量隊の派遣などのアメリカの横暴な行動をみて、江戸ではペリー艦隊の脅威におびえ騒ぐ江戸の状況をみた。彼は、幕府当局の軟弱さとアメリカ側の驕慢《きょうまん》無礼さによって「国体」が失われたことを深く慨嘆している。「国体」とは、後期水戸学の概念であって、天皇を上に戴く日本の独自な国柄というほどの意味である。彼は、ペリー艦隊に対する幕府の屈服を、幕府や藩を越える日本全体の問題と捉えたのである。彼は、この屈服の原因を軍事力の貧弱さだけでなく、その根本的原因として政治の無力さと政治を支える理念の不在にみた。彼は、アメリカの軍事的脅威に対して有効な方策を見出しえないでいる日本の現状をみて、現在の社会的秩序の崩壊を予感しつつ、国体の概念のもとに全体としての日本国家の形成の必要を意識していたのである。

「将及私言」

松陰は、八月に、この緊急事態において長州藩がとるべき方策を記した「将及私言」、それにもとづく具体的対策を記した「急務条議」などを書いて、藩政府へ提出した。藩士の身分を剝奪された松陰に提言の公的資格はなく、上書の提出は越権であるとの非難を浴びたが、「将及私言」は、藩政府の役人の好意により、匿名の形で藩主の閲覧に供された。以下、「将及私言」の主張をみる。

松陰は、まず「大義」の条目で、「大義」の意味を説明するものとして「普天《ふてん》の下《もと》、王土《おうど》に非《あら》ざるはなく、率海《そっかい》の浜《ひん》、王臣に非ざるはなし」という「詩経」に由来する一節を挙げて、「天下は天《てん》朝《ちょう》の天下にして、乃《すなわ》ち天下の天下なり、幕府の私有に非ず」と述べる。日本のすべての土地は「天朝」の所有で「幕府の私有」ではないから、「外夷」の侮辱を受けたときは、幕府が諸侯を率いて恥をそそぐのは当然だという。彼は、日本の国土をすべて「王土」とし、幕府・諸藩・すべての臣民が「王臣」であるから、すべて国土防衛の責任のあることを、「大義」として主張したのである。これは、江戸は幕府の地であるから幕府が防衛し、諸藩は自らの本国を防衛するべきだという「俗論」を批判するものであった。

「天朝の天下」と「天下の天下」

松陰は、ここで「天朝の天下」と「天下の天下」を並列している。もともと「天下の天下」とは、「六韜《りくとう》」文韜篇文師の「天下は一人の天下に非ず、乃《すなわ》ち天下の天下なり」に由来する。「天下は天朝の天下」とは、「天下を一人の天下」とすることであり、

「天下は天下の天下」とする立場とは相いれないが、彼はここではそのことに深く考慮していない。それは、いずれにしても、幕府の私有を否定して国土の公共性を根拠づけ、国土防衛を臣民全体の責任であると主張できるからであろう。むろん彼は、この時点でも「天下は一人の天下」という方向で考えており、後に「天下は天下の天下」とする考え方を明確に否定することになる。

松陰の考え方は、日本の臣民すべてを天皇の臣下とするものであるが、天皇と臣民の直接的な君臣関係を想定していない。彼は、幕府と諸藩による分離・割拠の体制を温存しながら、この体制の頂点に天皇を位置づけることで、天皇への臣民すべての忠義を媒介として、幕府を中心に諸藩が結集することで、天皇を支えて国土防衛に向かう国家体制を構想している。それは、会沢の「新論」に代表される後期水戸学の国防国家の構想に学んだものである。

「将及私言」は、国家構想の点で水戸学を継承するが、むろん両者に相違はある。「新論」が臣民の国家への帰服を求めるために祭祀典礼という宗教性を重視するのに対して、「将及私言」は、天皇への忠義を核心に据えるだけで宗教的祭祀に立ち入ることなく、現実的具体的な方策の提言に終始している。また、西洋兵学の導入については、松陰の方がはるかに積極的である。

攘夷・開国　「大義」以下の条目には、「聴政」「納諫《のうかん》」「内臣を飭《いま》しめ外臣を親しむ」「四目《し》を明にし四聡《そう》を達す」がつづいている。これらは、藩組織において上層部の政策決定過程に下層部の情報や提言が円滑に反映され、また組織の部局相互が緊密な連携関係を保ち、さらに組織外からの情報収集を積極的に行うべきことを説くものである。このねらいは、身分秩序による職務分担を流動化して藩士の主体性を引き出し、国防に向けて機能的に職務分担する目的志向的な組織として、藩を再編成することである。

この点も、『新論』が国内政治の改革の一環として身分秩序を流動化して人材登用を主張しているのと共通するが、情報の流通に重く着目するなど組織としての機能の活性化という点で、より徹底している。

つづく「砲銃」「船艦」「馬法」の条目は、西洋流の砲銃・船艦の積極的導入を説く。西洋流の武器・器械の優越は明白であり、導入に躊躇《ちゅうちょ》する余地はないとして、西洋列強と対決するために西洋の兵器・兵学の採用を説く。松陰にとって、攘夷の主張と西洋との交流、攘夷と開国は矛盾しない。ペリーのように国家としての名誉を損ずる仕方での外国の干渉を断固拒絶するが、独立した国家として名誉をもって存在するためには、西洋の兵器・兵学を学ばなくてはならないのである。

「至　誠」

最後の条目は、「至誠」である。松陰は、誠に「三大義あり」といい、「一に曰く実なり。二に曰く一なり。三に曰く久なり」とする。「実」とは、王臣・王士の大義にもとづいてこれまであげた条目を「今日より実に行ふこと」であり、「実心を以《もっ》て実事を行ふ」ことである。「一」とは「専一」、「久」は「息《や》むことなきこと」である。要するに、誠とは、大義の自覚を踏まえる「実心」をもって社会的に有意義な方策である「実事」を集中的・持続的に行うことである。だから、誠は、大義を自覚しているという内面的心情のあり方にとどまるのではなく、その自覚を現実の場で実行することをも意味する。松陰は、「将及私言」を「至誠」で締めくくって、大義の自覚にもとづく国防策の集中的・持続的な実行を主張したのである。問題は、この大義の自覚にもとづく国防の方策を実行する政治的主体の所在である。

幕府と諸藩の連携

松陰の考えるその政治的主体の基本的な枠組みは、幕府が諸藩を率いて天朝を支える国家体制である。彼は、幕府の政治力が低下しており、諸藩の協力なしにはその役割を果たし得ないと判断し、諸藩が連携して幕府をもり立てることで防衛力を充実し、日本国家の独立を確保する構想を示した。松陰が、「将及私言」や「急務条議」などで長州藩主に提言するのは、諸藩との連携である。連携の相手は、仙台・会津・加賀・越前・尾張・伊勢・肥後・薩摩の諸藩である。とくに長州藩と肥後熊本藩とはかねて厚い交わりがあるので、主君相互はもとより家臣も相互に親交を深めるのがよいとした。

また、幕府の立て直しのためには、水戸の前藩主徳川斉昭《なりあき》・福山藩主で老中阿部正弘に相談するのがよいとしている。松陰がとくに期待しているのは斉昭である。斉昭は攘夷論の急先鋒であり、水戸は思想面でも人材面でも攘夷勢力の拠点とみなされていた。松陰は、水戸藩で有為な人材として、藤田東湖《とうこ》・山国《やまぐに》喜八郎らの名を挙げている。さらに、長州藩の政府当局者が親しく交わるべき天下の有為な人材として、佐久間象山・羽倉外記《はぐらげき》・古賀謹一郎・桜任蔵《じんぞう》・斎藤新太郎・松浦竹四郎・安井息軒《そつけん》・塩谷宕陰《しおのやとういん》・杉田成卿《せいけい》らの名を挙げている。松陰は、幕府を中心とする雄藩同盟を構想していたのである。

以上みてきた松陰の提言は、後期水戸学の国防国家の構想と西洋兵学の導入を主張する佐久間象山の開明的な考え方とを、彼なりの仕方で統合したものといえるであろう。

佐久間象山が海外渡航を勧める

いま、松陰の提言について象山の影響を指摘したが、松陰は、このたび江戸に来て以後、象山に熱心に師事した。松陰は、「佐久間象山は当今の豪傑、都下一人に御座候」（嘉永六年九月一五日付、杉梅太郎宛）と象山の西洋兵学と時勢に対する志気・識見を高く評価している。彼は、象山の影響により、西洋兵学の優越性についての確信を深め、原書による蘭学研究の必要性を痛感した。だが、西洋の学問を学ぶには、直接西洋に行くに限る。そこで、松陰は海外渡航の決心を固めるが、ここにも象山の影響がある。

ペリーが退去してほぼ一か月後の七月一八日に、ロシアのプチャーチンが帆走軍艦パルラダをはじめ四隻を率いて国交を求めて長崎に来航し、この情報は一〇日後に江戸に届いた。松陰

徳川斉昭
(財)水府明徳会徳川博物館所蔵

は、象山の示唆でこれに乗り込む機会をうかがうことを決意した。象山の示唆とは、土佐の漁民中浜万次郎の例にもとづく。万次郎は、天保一二（一八四一）年、一五歳の時に海で漂流してアメリカの捕鯨船に救助されてアメリカに渡り、嘉永四（一八五一）年に日本に戻り、嘉永五年に土佐藩に召し出され、さらに嘉永六年に幕府に召し出されていた。漂流の形をとれば、万次郎のように帰国しても断罪されない実例があるから、これに習えばよいというわけである。

「英雄」と「狂夫」

松陰は、ロシア船に乗り込む計画を鎌倉の伯父竹院に相談したほか、友人の中では鳥山新三郎・永鳥三平・桂小五郎に相談して賛成を得たが、それ以外の友人には内密にした。松陰の長崎行きに際して、その真意を知らなかった土屋蕭海が、松陰に贈った餞別《せんべつ》の詩の一節に「誤るなかれ英雄千歳の名」とある。ロシアの軍艦が来航して緊迫した状況の長崎へ出かける友人を「英雄」と遇する雰囲気だったのである。その土屋にしても、松陰がロシア船に乗り込むことは、意想外のことであった。この餞別の詩を受けた松陰も、自らを英雄と自覚していた。

松陰は、九月一八日に長崎へ向けて江戸を発って東海道を通り、一〇月一日に京都に着いて梁川《やながわ》星巌《せいがん》に会い、禁裏を拝して後に大坂に出た。松陰が、大坂で作った詩に「狂夫未《いま》だ必ずしも家を思はざるにあらず、国のために家を忘る何ぞ嗟《なげ》くべけんや」とある。彼は、国への忠義と家の親への孝行という二つの道義的要求の衝突において、忠義を選ぶに躊躇《ちゅうちょ》はないが、孝行を全うし得ないことが気にならないのではない。そこに「狂夫」の意識が生ずる。松陰は、英雄と狂夫が表裏することを自覚していたのである。

横井小楠と意気投合
プチャーチン出航

一〇月三日に大坂から船に乗り、豊後鶴崎から陸路で一九日に熊本に着いた。熊本では、宮部と再会して彼とともに横井小楠《しょうなん》を訪ねた。小楠は、二年前の旅行の途次、萩に松陰を訪ねたが不在だったので、今回が初対面である。二人は意気投合して、都合三度会談し、大いに語り合った。熊本には二五日までいて二〇人を越える人々と面談している。これは、松陰の構想する雄藩連携工作の一環であった。

二六日に船で島原に至り、二七日に長崎に着いた。ところが、目指すプチャーチンの艦隊は国書を長崎奉行大沢定宅に渡した後、一〇月二三日、ロシアとトルコの戦争の情報収集とトルコを支援するイギリス・フランス艦隊の襲撃にそなえるため、上海へ向けて去っていた。松陰は、一一月一日に長崎を発ち、五日に熊本に着いて、また、宮部らのほか、熊本藩家老有吉《ありよし》市郎兵衛とも会見した。七日に熊本を発ち、一三日に萩松本村新道の実家に帰っている。杉家は、嘉永六年四月、松本村清水口からこの地に転宅していた。以後、杉家の転宅はない。

雄藩提携の工作

松陰は、萩で熊本藩家老長岡監物《けんもつ》の書簡を長州藩家老益田弾正《だんじょう》に示した。また、二〇日頃萩にきた熊本の宮部と野口直之允《なおのじょう》を長州藩の長井雅楽《うた》・飯田猪之助・

井上与四郎・玉木文之進・北条瀬兵衛・中村道太郎らと引き合わせた。例の雄藩連携工作である。

一一月二六日、松陰は、宮部・野口とともに富海から船で東上し、船中で「新論」を数度読んだ。一二月四日に京都に至り、翌日宮部は一人で江戸へ向かった。松陰は、京都で梁川星巌《やながわせいがん》・梅田雲浜《うんぴん》・森田節斎《せっさい》・鵜飼《うがい》吉左衛門らを訪問している。彼は、このとき、一一月に長州藩が肥後藩とともに相模警衛に命じられたことを知った。来春のペリー来航に備える布陣に長州藩の出番が回ってきたのである。この情報をうけて、松陰は、諸藩の有志を周旋する必要を感じ、そのための工作をした。このころ、彼が、信頼した藩主クラスの人は、長州藩主毛利慶親《よしちか》のほか、水戸の前藩主徳川斉昭《なりあき》を中心に肥後藩主細川斉護《なりもり》・尾張藩主徳川慶恕《よしくみ》・越前藩主松平慶永《よしなが》らである。

一二月八日に野口とともに京都を発ち、津で土居幾之助、伊勢山田で足代弘訓《あじろひろのり》・松田縫殿《ぬい》を訪ねて後、尾張に立ち寄った。尾張藩士秦《はた》寿太郎・奥田謙蔵・田宮弥太郎と面談して尾張・越前提携の工作をした後、尾張から中仙道を通って、一二月二七日に江戸に着いた。

この間、プチャーチンは一二月五日に長崎に再びやってきた。大目付《おおめつけ》筒井政憲《まさのり》・勘定奉行川路聖謨《かわじとしあきら》が交渉にあたったが、プチャーチンは、交渉の妥結をみないままイギリス・フランスとロシアの戦争の勃発を予測して、翌嘉永七（一八五四）年正月八日に長崎を去った。嘉永七年は、一一月二七日に安政と改元される。

下田密航事件

ペリー再来　嘉永七年正月一六日（一八五四年二月一三日）、ペリーの艦隊が江戸湾に現れた。**日米和親条約**　当初、ペリーの艦隊は、七隻であったが、最終的には汽走軍艦三隻と帆走軍艦六隻の総数九隻の大艦隊となった。和親条約締結のために再来したのであるが、予告より早かった。それは、いうまでもなく、ロシアのプチャーチンの動向に関係している。中国にいたペリーは、プチャーチンが開国交渉のために日本へ行くという情報を得て、ロシアに日本開国の一番乗りの栄誉を奪われまいと急いで日本に向かったのである。

ペリーが横浜に上陸して交渉が始まったのは二月一〇日（一八五四年三月八日）である。日本側は、大学頭林復斎・町奉行井戸覚弘《さとひろ》・目付鵜殿長鋭《うどのながとし》らが交渉にあたり、嘉永七年三月三日（一八五四年三月三一日）、横浜の会見場で日米和親条約の調印がなされた。一二条からなる条約の要点は、下田・箱館の開港、一八か月以後におけるアメリカ外交官の下田駐在の許可、漂流民の扶助費用の相互負担などである。

この条約は、日本が強いられたものであったが、清国のように戦争の敗北によるものではなく、形式的には対等な交渉により締結したものである。治外法権の規定を含まず、漂流民の問題についても対等性が盛り込まれている。当面、通商関係をもつことを拒否できたことも、日本側にとっては成果であった。

最恵国条款

だが、日米和親条約の問題性は、最恵国条款《じょうかん》を片務的に規定したところにあった。最恵国条款とは、条約を締結した二国の一方が、他方に対して与えたよりも有利な条件を第三国に与えた場合、ただちにその条件を他方にも適用するという規定である。日米和親条約は、これが相互的でなく、一方的にアメリカが最恵国待遇を受けるという不平等性をもっていた。日本側は、国際法の知識の欠如から、この規定を受け入れてしまった。この後に結ばれる西洋諸国との条約にも、片務的な最恵国条款が盛り込まれるのである。日米和親条約は、日本と西洋諸国の間で締結される条約の不平等性の発端であった。

また、この条約には、一八か月以後に外交官を駐在できるとしているが、この外交官は当然に通商関係の樹立を使命とするものである。これが、この後の日米間の、そして国内政治の新たな問題となる。

再び海外渡航の志を立てる

松陰は、嘉永六年一二月二七日に江戸に着き、翌年正月一四日にペリー艦隊再来の情報を得て以来、東奔西走していた。彼は、水戸の徳川斉昭を中心に幕府を攘夷の方針で固めて、越前・肥後・柳川・長州らの諸藩が攘夷の軍列を結成するように画策していた。ところが、彼は、このように行動する中で、いまやアメリカとの攘夷《じょうい》の決戦をする機会が失われたと判断するようになる。彼は、これからの日本は国際交流の中で長期的に国力を充実する必要があり、そのためには、海外事情を直接に知らなくては国策を立てることはできないと、自ら海外渡航をしようと考えた。今度は、ペリーの船に乗り込んで海外渡航をする計画を立てたのである。

この計画には、同行者がいた。金子重之助《しげのすけ》である。彼は、松陰より一つ年下で長州藩の足軽の出であったが、憂国の念から事をなそうと藩籍を脱して、当時渋木松太郎と名乗り、鳥山新三郎の塾に寄宿していた。松陰が、長崎から江戸に戻って鳥山宅に同宿すると、渋木は松陰に傾倒して師事するようになったのである。

兄に偽りの誓文を書く

松陰が、ペリーの船に乗り込んで海外渡航を試みて挫折する、下田密航事件の経緯は、彼の「回顧録」に詳しい。以下、これによって彼の下田踏海《とうかい》の経緯をみる。

松陰は、三月四日、相模警衛の任務で関東に来ていた兄梅太郎を長州藩邸に訪ねた。偽って、これから鎌倉に隠れて読書に励み、今後八年間は天下国家のことをはからず、天下の形勢の研究をして、将来国家に尽くす基礎固めをするつもりであるという誓文を書き、血判を押した。兄は、喜んで松陰に二朱の金をくれた。

五日には、京橋の酒楼に友人が集合したので、ここでペリーの船によって海外渡航する件を打ち明けて意見を求めた。同席したのは、来原良蔵《くりはらりょうぞう》・赤川淡水《おうみ》（後の佐久間佐兵衛）・坪井竹槌・白井小助の長州藩勢と宮部《みやべ》鼎蔵《ていぞう》・佐々淳次郎・松田重助《じゅうすけ》・永鳥三平《ながとりさんぺい》の肥後藩勢である。はじめに永鳥が賛成し、つづいて皆も賛成したが、宮部は「危計」であるといった。海外渡航は厳禁であり、失敗すれば死刑であるという含意である。ロシア船に漂流の形で乗り込もうとしたのとは違い、いわば正面からペリーの船に乗り込もうというのであるから、明確な鎖国禁令違反である。

来原が、海外事情は調査すべきであり、そのなすべきことをして失敗し刑死しても、松陰のために遺憾ではないと述べ、また、永鳥が「勇鋭力前《ゆうえいりきぜん》は吉田君の長所なり」といって慎重に構えては事は成就しないと語った。これをうけて、松陰が決意の変わらない旨の揮毫《きごう》をすると、宮部も遂に同意した。松陰は、失敗したら鈴ヶ森でさらし首になることは覚悟の前であることを、改めて誓った。

鳥山宅に戻って、渋木と旅支度をした。松陰は、衣類などをすべて売り払って、一袋の荷物を携えるのみであった、袋の中には「唐詩選掌故」「和蘭《オランダ》文典」前後編・「訳鍵《やくけん》」「孝経」などがあるだけである。

夜になって、松陰は佐久間象山宅に行くと象山は不在なので、鎌倉に引っ込む旨を記した書簡を託して去り、赤羽根橋で永鳥・鳥山と最後の別れをした。渋木と二人で保土ヶ谷に至るころに明け方となったので、ここで宿をとり、一睡して目覚めると三月六日である。この朝、アメリカ船に乗り込む際に渡す「投夷書」を漢文で書いた。停泊中のアメリカ船を見ようと横浜に行くと偶然に象山の下僕《げぼく》銀蔵に出会った。ペリーとの会見場の警衛は象山の属する松代藩の担当であったから、象山も横浜に来ていたのである。

横浜で米船への接近失敗し下田へ行く　松陰は、象山に罪が及ぶとまずいので会わない方がよいと思ったが、銀蔵は、象山が今晩漁師に頼んで自ら漁師に扮してアメリカ船の偵察に行くという。松陰は、自分にもアメリカ船に近づくよい方策がないので、象山に会いにいった。この夜は、頼んでいた漁師が恐れをなして挫折した。この後、松陰は、浦賀奉行組同心吉村一郎や鯛屋《たいや》三郎兵衛《さぶろべえ》などの協力を得て、アメリカ船への接近の努力を重ねるが、いずれもうまく行かなかった。この間、象山に「投夷書」の添削をしてもらった。

ところが、アメリカ船は近日出帆して下田に移るという情報が入り、その上、三月一三日にはペリーの艦隊が江戸に向けて発進し、羽田沖まで行って戻るということがあった。これは、江戸湾から退去する前に江戸の町を見たいというペリーの希望によるもので、ペリーは品川沖から江戸の町を望見したと喜んだが、実は、同船していた通訳の森山栄之助が羽田を品川だと偽ったのである。

松陰は、渋木と相談して下田に行くことにして、一四日に保土ヶ谷を発って陸行し、一八日午後に下田に着くと、アメリカ船二隻が下田港口に停泊していた。翌日、下田奉行支配組頭黒川嘉兵衛《かへえ》とその用人藤田慎八郎に面会した。アメリカ船の乗組員は、毎日上陸して数人連れだって歩いているが、彼らの中には漢文を解するものがなく、「投夷書」を渡しても読めないので、ペリーの乗船する旗艦のくるのを待つことにした。宿は下田と下田から一里の蓮台寺村の温泉にとった。下田は夜間外出禁止だったので、下田の宿には蓮台寺村へ行くといい、蓮台寺村の宿には下田の宿へ行くといって夜間外出をした。夜には、アメリカ船の様子を観望したり、アメリカ船へ接近するための船を探したりして、野宿をすることもあった。

ペリーを乗せた旗艦ポーハタン号など後続の艦隊が下田に来たのは、二一日である。松陰らは、二五日に盗んだ小船で海に出たが、波が荒い上に下田からポーハタン号までの距離は遠かったので接近を断念した。二七日朝、柿崎海岸で上陸していたアメリカ人に「投夷書」を渡した。この人はミシシッピ号に乗り組んでいた書記スポールディングである。この日の夕方、柿崎海岸の弁天社の下に小船が二隻あったので、これをアメリカ船への接近に使うこととして、いったん蓮台寺村の宿に戻った。夜になって外出し午後八時過ぎに弁天社下に行くと、潮が退いて船が二隻とも砂上にあったので安心して、弁天社の中で寝た。

二八日午前二時過ぎに起きて船のところへ行き、漕ぎ出そうとすると櫓《ろ》を支える櫓ぐいがない。櫓を船の両側に褌《ふんどし》で縛り付け、渋木とともに漕ぎ出すと褌が切れてしまった。今度は帯で櫓を固定して漕ぐと、途中で船は何度も回ってしまう。腕が抜けるほど漕いでようやく、岸から一町（約一〇九メートル）ほどのミシシッピ号に押し着いた。ミシシッピ号からは怪しんでランプを下ろしてきたので、松陰らは、灯を頼りに漢字で「我々はアメリカに行きたいので、どうか『大将』に頼んで下さい」と書いて、この書き付けをもって梯子《はしご》を伝って船に登った。アメリカ人が二、三人出て来たので、先の書き付けを渡すと船の中に入り、今度は中から老齢のアメリカ人が出て来て横文字を書いて書き付けと一緒に返した。横文字は何を書いてあるかわからないが、しきりに手真似でペリーのいるポーハタン号へ行けと指示した。松陰らは手真似でボートで連れて行けと訴えたが、相手は自分の船で行けと指示する。

ポーハタン号に乗り込む

やむなくミシシッピ号を下りて小船に帰り、再び櫓を漕ぎ一町ほど離れたポーハタン号へ押し着いた。船は、波に激しく揺れて浮沈し、おまけにポーハタン号の梯子の内側に入り込んでしまった。船が浮かぶごとに梯子を突くので、アメリカ人は驚き怒り、木の棒をもって梯子を下りてきて松陰らの船を突き返そうとする。突き返されては困るので、松陰は梯子に飛び移った。松陰は、船にいる渋木に纜《ともづな》をとれといったが、渋木が纜を松陰に渡さないうちに、アメリカ人が木の棒で船を押し返そうとするので、渋木もたまりかねて纜を捨てて梯子に飛び移った。小船は松陰らの刀や荷物を乗せたまま押し流されてしまった。松陰は、アメリカ船に乗ってアメリカ人と話をする以上は、自分らの船はどうなっても構わないと思った。甲板にいた五、六人のアメリカ人は、松陰たちが船の見物に来たと思ったようで羅針盤などを見せた。松陰は、筆を貸せと手真似をしたが一向に通じないので困っていると、日本語を解するものが出て来た。ペリー艦隊の首席通訳官ウィリアムスである。

松陰は彼と筆談をした。アメリカに行きたい旨を漢語で書くと、ウィリアムスは「どこの国の字か」というので、「日本の字だ」という。彼は笑って「もろこしの字ではないか」といい、「名を書け」という。松陰らは、昼間に渡した「投夷書」に偽名として、松陰は瓜中《かのうち》万二、渋木は市木公太を使っていたから、ここでもそれ記した。ウィリアムスは、船内に入って朝に渡した「投夷書」をもってきて、「このことだろう」という。二人がうなずくと、ウィリアムスは、次のように述べた。

黒川嘉兵衛。下田で松陰を取り調べた

「この件は、司令官と自分が知っているだけで外の人には知らせていないが、二人とも喜んでいる。しかし、横浜でアメリカの司令官と林大学頭とが、アメリカと日本の間の約束をした。だから、勝手にあなたの要請を受諾するわけには行かない。しばらく時期を待てば、遠からず両国の往来が一国の中のようになる道も開ける。その時にアメリカにきなさい。また、我々はここに三か月滞在する予定であり、すぐに帰るわけではない」と。

松陰が「我々が貴船へきたことは国法の禁ずるところです。今帰れば日本の役人は必ず我々を罰するでしょうから帰るに帰れない状況です」というと、ウィリアムスは「夜の闇に乗じて帰れば日本人に知られることはない、早く帰るがよい。このことは、下田奉行所の黒川嘉兵衛は知っていますか、黒川が許可すればペリー司令官はあなたたちを連れて行くし、黒川が許可しなければ司令官は連れて行かない」という。

松陰が「それなら我々はこの船に留まりましょう。司令官が黒川と交渉して下さい」というと、ウィリアムスは「それは難しい」といい、同じことを繰り返して帰るように促した。二人は、あきらめて帰ることに決めた。帰り際に、松陰が「我々は船を失いました。船に荷物を置いてあり、放っておくと我々の行動が発覚するがどうしましょう」というと、ウィリアムスは「我々のボートであなたたちを送ります。船頭に命じておいたので、それに乗ってあなたたちの船を探しなさい」といった。

ところが、ボートの船頭はボートを直接に海岸へ押し付けて彼らを上陸させたので、小船を探すことができなかった。上陸しても岩場ではあり、夜で暗くて道はわからず、大いに難渋した。夜が明けて海岸を見回っても船は見当たらない。船が陸地に流れ着けば、残された荷物から松陰らのことが露見する可能性がある。二人は相談して、うろついている間に捕まっては見苦しいから、柿崎村の名主平右衛門の家へ行って事情を説明し、善処を求めることにした。

松陰ら自首する挫折は恥ではない

渡航の企図が挫折して自首するに至る彼らの行動を総括して、松陰は、次のように述べる。船を漂流させてしまったのは、小船から梯子《はしご》に飛び移るときに慌てたことによる。もし船が漂流しなかったならば、強引にアメリカ船に居座り、よく話し合えば自分らの希望が叶えられたかもしれない。希望が実現しなくとも夜になってから陸地に戻ることができたろうから、自首して捕らわれの身になることもなかった。しかし、挫折のもとをさかのぼると、櫓《ろ》ぐいがなかったことによる。

一般に事の破れは小事に由来するが、その小事の理由を調べると、必ずよんどころ無いことがある。「後人は紙上に英雄を論ず、悲しいかな」。後世の史家も必ず次のように書くだろう。「長門の浪人吉田寅次郎と渋木松太郎は、外国船に乗って海外へ出ようと謀ったが、事が発覚して捕らえられた。彼らは奇を好んでそのための術を弁えなかったので、こうした始末になったのだ」と。だが、敗戦の時は心に任せないことがあるもので、毛利元就《もとなり》・徳川家康のような名将にしても一騎落ちしたこともある。それゆえに、自分たちの志が成就しなかったのは天命を得なかったことで、遺憾ではあるが恥ではない、と。

この総括で興味深いことは、一つには事実上自らを英雄としていることである。松陰らの行動は、自他ともに認める英雄のものであった。もう一つは渡航の試みが挫折したとき、挫折は遺憾ではあるが恥ではなく、見苦しさを恥として自首の道を選んでいることである。挫折自体を恥とはせずに見苦しい挫折を恥とするところに、武士道の思想が脈々と流れているのをみることができる。

松陰の自首

下田の役人の驚愕

さて、三月二八日午前、松陰らは名主平右衛門の家に行って事情を話して、役人を呼ぶように言った。夜になって同心がきて船で下田番所へ連れて行った。与力らの尋問に対して、松陰らは「自分たちは海外に出かけて世界の情勢を詳しく見聞して、国家のために外国勢力をこらしめるための大策を立てようとしたのだ」と述べた。これには、与力たちは愕然《がくぜん》と色を失った。さらに、二人は異口同音に「自分たちは死刑になる覚悟はできているので、何も隠そうとは思わない。自分たちの述べるところを筆で記してほしい」と求めた。二人は、その日の午後一〇時頃、下田町柿崎村の村役人に預けられ、長命寺に拘禁された。

数日後、二人は、また下田番所に連行されて、今度は下田奉行所の黒川の尋問をうけた。幕吏は、すでに松陰らの漂流させた小船を発見しており、松陰の袋から「投夷書」草稿や、松陰が長崎へ旅立つ時に象山が与えた送別の詩などを手に入れていた。事情聴取の後、黒川が、松陰に父母がいるかどうかを尋ねたので、松陰はいると答えた。すると、黒川は、「お前は忠孝を重んずる聖賢の道に志しながら国法に背き、父母に憂いを与えているのは心得違いであり、まことに憐《あわ》れむべきことだが、今はどうにもならない。よく覚悟せよ」と述べた。松陰は、「自分の行為が死刑に当たることは覚悟しているので、今さら覚悟することはありません」といって、それ以上一言も発しなかった。こうして、二人は、平滑《ひらなめ》の金太郎が番人をしている獄に入れられた。

獄中で皇国の道を説く　この獄は、一畳敷で狭く、二人は膝を接して座った。ここで、松陰は番人から「三河後風土記」「真田《さなだ》三代記」などを借りて読み、また、皇国の皇国たる所以《ゆえん》、人倫の人倫たる所以、夷狄《いてき》の憎むべき所以を日夜大声で説いた。これを聞いて、囚人は、松陰らの志に涙を流して悲しんだ。二人が獄にいるとき、アメリカの士官たちが散歩の途中に獄の前にやってきたので二人は現在の心境を板切れに書いて士官たちに渡した。「ペルリ提督日本遠征記」には、この文章を「哲学的安心立命の境にある非凡な標本であるから、こゝに記載する価値がある」と記録しているが、ここでは割愛する。松陰が下田の獄中で作ったのは、次の歌である。

世の人はよしあしごともいはばいへ賤《しず》が誠は神ぞ知るらん

四月一〇日に、江戸から町奉行配下の同心二人と岡引《おかっぴき》五人がきて、翌一一日に松陰と渋木を連れて江戸へ出発した。足かせをし、体に縄をかけ、手錠をおろして、唐丸駕籠《とうまるかご》に乗せて護送したのである。宿に着くとそれぞれに四人ずつ番人がついたので、松陰は、下田の獄と同じく大道を説いて聞かせた。彼は、この時ほど愉快なことはなかったと述べている。道中、同心・岡引は、幕府の権威を笠にきて威張《いば》ってはいたが取り扱いは親切で、休息のときには茶菓など欲しいものはないかと尋ねた。松陰らは、赤穂浪士の討ち入り後の諸家預けの作法にならって、三度の食事のほかは一滴の水も口に入れなかった。

護送の同心は、幕府の法では囚人の姓名を木札に書いて唐丸駕籠に付けるのだが、松陰らの場合、特別の恩情により、姓名を記さず、一番二番とだけ記すことにしたと語った。松陰らは、死刑になる行為をしたことを栄誉として姓名を人に誇示する気持ちがあったので、この措置は笑止千万であったが、反論はしなかった。

高輪泉岳寺前を通るとき、赤穂浪士に手向けた次の歌はよく知られている。

かくすればかくなるものと知りながら已《や》むに已まれぬ大和魂

好意的な幕府の取り調べ

松陰らは、四月一五日に北町奉行所に着くと、仮牢《かりろう》に入れられ、ここで手錠・足かせ・体の縄が外された。しばらくして呼び出され、留役松浦安左衛門・磯貝某の尋問があり、それが終わると、渋木は元の仮牢へ返され、松陰は町奉行所玄関脇の一間に置かれた。松陰は士分で、渋木は足軽であるという、身分の差によって待遇に差がついたのである。やがて、町奉行井戸覚弘《さとひろ》の訊問《じんもん》があり、松陰は板縁に座らされたが、渋木は白洲《しらす》である。訊問に対して、松陰はつつみ隠すことなく応答した。死を覚悟している松陰の率直な態度と憂国の志に、井戸も好感をもって松陰の心事を十分に吐露させた。また、松浦も松陰の陳述を好意的に口上書にまとめてくれた。

取り調べの中で問題になったのは、佐久間象山との関係である。漂流した小船から長崎行きの時の送別の詩が発見されたため、象山は、事件の関係者として、四月六日に投獄されていた。松陰は、アメリカ船乗り込みは象山の知るところではないと答えた。だが、奉行は、象山の指示で松陰らが行動したと考え、他の陳述がみな疑うべき点がないのに、象山のことだけは隠し立てしていると難じた。松陰は、自分らは他人の指図によってこれほどの大事をするものではないと、下田の一件が自分らの主体的な意思にもとづく行動であると主張した。

確かに、象山が金銭を与えたり、外国船へ接近する方法のヒントを与えたりするなど、松陰らに物質的・精神的な支援をしたことは事実である。しかし、海外渡航の志を立ててこれを実行に移したのは、松陰らの主体的な意思によることであり、これを、象山の指示によると判断されることは、松陰にとって耐えがたいことであった。

佐久間象山の弁論

象山は、この事件について堂々と持論を展開した。ペリー来航以来の状況は歴史的な非常時であり、国家は非常の政策をもって対処しなくてはならない。いま、国家多事の折、国の命令として海外に人を派遣しないにしても、個人的に海外に出て外国情勢を調査するものがあれば、国法に反した罪を許して国家の用に役立てるべきである。自分は、洋書を研究して一〇年、世人にひけをとらないつもりであるが、海外のことを直接知らないのでもど

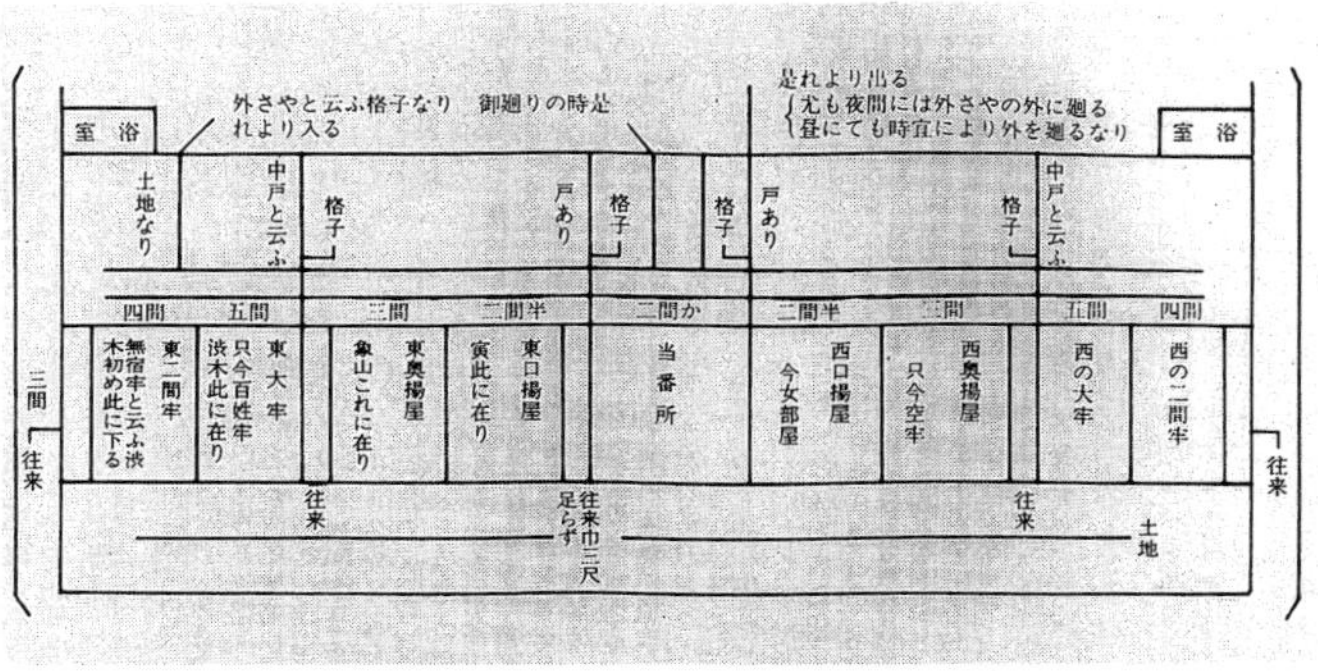

松陰の描いた小伝馬町牢獄の図（山口県立山口博物館編『吉田松陰』60頁より）

かしい限りであり、志のある人が海外に出ることを望んでいたのである、と。この象山の主張は、松陰らの行動の指示者であるか否かという問題とは別に、日本の現状に照らして国家の政策を論じたものである。当代一流の学者らしい高い立場から見識を示したわけであるが、自信たっぷりで傲慢《ごうまん》にもみえる象山の応答は、取り調べの役人の反感をかった。

小伝馬町の牢獄

奉行は、松陰に揚屋《あがりや》入りを、渋木には牢入りを命じた。彼らが小伝馬町の獄に移されたのは、四月一五日の夕方である。揚屋とは、御《お》目《め》見《みえ》以下の幕府直参・大名旗本の家臣・医者・僧侶などの未決囚を入れる牢獄《ろうごく》である。渋木は、足軽身分であるから百姓牢に入れられるはずであるが、この晩は、身分不明のもの向けの無宿牢に入れられ、翌朝、百姓牢に移された。

獄中は、囚人による一種の自治制で、名主を頂点とする階級制度で運営されていた。松陰が獄に入ると、新入りを迎える儀式として名主が板で背中を叩いてあれこれ質問したが、重要なのは「命の蔓《つる》」の金をもってきたか否かである。松陰は一文無しであったから、獄外の知友に手紙で差し入れを頼まなくてはならない。最後に、背中を二度叩かれて儀式は終わった。翌日、松陰は、金の差し入れを浦靱負《うらゆきえ》家臣の白井小助に手紙で頼んだ。白井は、宮部鼎蔵と相談して金品を差し入れした。これが、後に藩政府に知れて、白井は主君預けの謹慎処分となる。これは、やり方が正直すぎたからで、その後は、土屋蕭海・小田村伊之助（嘉永六年七月、松陰の妹寿と結婚）・小倉《おぐら》健作・桜任蔵《じんぞう》・来原《くりはら》良蔵・桂小五郎・井上壮太郎らが工夫をして差し入れし、松陰の境遇が不利にならないように尽力している。

囚人たちの尊敬を受ける

松陰の獄中生活は比較的に快適だった。それは、「命の蔓」が届けられたことによるだけではなく、別の事情があった。その事情の一つは、松陰と渋木が奉行所から特別の配慮をするように申し渡しのある「手当囚人」であったことである。松陰は、この制度を含めて、幕府の囚人に対する配慮が行き届いていることに感心した。もう一つは、彼の罪の異例さである。囚人たちは、松陰の罪状を聞いて皆感激した。彼は、九月の出獄までに名主につぐ添役に出世しているが、これは彼の異例な行動と人格への敬愛にもとづくものである。

渋木松太郎の悲惨

これに比べて、渋木の方は悲惨であった。渋木は、最初の晩は無宿牢に入れられたが、無宿牢には囚人も多く、囚人の扱いも手荒である。渋木が無宿牢にいたのは一晩だけで、翌朝には百姓牢に移ったが、百姓牢の囚人は博徒盗賊の類が半分位という状況であるから、快適であったはずもない。彼は、元来ひ弱な体質で、また夏頃より病気を発して衰弱していた。彼の在獄は、生命に危険のある状態だったのであり、渋木も松陰と同様に手当囚人であったので、幸いにも死を免れたといってよい。

以上、主として「回顧録」によって、松陰らのアメリカ船乗り込みの試みと挫折、下田での自首と江戸での取り調べと獄中生活の経過をみた。次に、松陰の下田密航事件のもつ意義を考えることとしよう。

下田密航事件の意義

松陰は、幕府の鎖国の禁令を確信犯として破った。彼は、為政者の政策を批判する意見をもち、しかもその違法性を知りつつ、あえてその意見を行動に表現したのである。

松陰は、自首して幕府への恭順の態度を示したところにみられるように不徹底性をもつが、為政者の政策を自明の権威的命令として服従するのではなく、これを相対化して現実的に政策変更を求め、無効化する志向をもっていた。この事件における彼の言動の中に、為政者の政策に自己の意見を対置し、その実現を目指す主体的態度と思想が生成しつつあるのをみることができる。そして、このような主体的態度と思想は、近代的と特徴づけられるものなのである。その意味で、この事件は、幕府の権威・権力をどの程度動揺させたかという社会的事実の問題とは別に、不徹底ではあるが確かな、近代的精神・エートスの生成を告示しているところに重要な意義がある。

松陰は、この事件以後、行動の自由を失ったまま生涯を終えるが、現実社会への関心を強くもちつつ社会的実践へと向かおうとした。下田密航事件は、松陰に束縛された行動家という矛盾した状況を課したのである。この状況は、松陰の思想の深化と展開を促すことになる。

III 幽囚

「幽囚録」

萩へ護送される

九月一八日、幕府の判決があり、町奉行井戸覚弘《さとひろ》・目付鵜殿長鋭《うどのながとし》から、松陰と渋木松太郎こと金子重之助、佐久間象山にそれぞれ在所蟄居《ざいしょちっきょ》が申し渡された。ほかに鳥山新三郎は欠落《かけおち》者の金子を門下として寄宿させたことにより押込、松陰のアメリカ船接近に協力した浦賀奉行組同心吉村一郎は押込、鯛屋三郎兵衛は手鎖といった具合に多くの連座者があった。量刑としては、寛大といえる。

象山は、獄中で「省諐録《せいけんろく》」の構想を練り、出獄後にこれを執筆した。「省諐録」は、「あやまちを省みる」というタイトルとは裏腹に、海防策と自己の行動の正しさを論述したものである。有名な「東洋道徳、西洋芸術」の語は、この書に出ている。なお、象山は、文久二(一八六二)年まで、この後八年間、信州松代で謹慎生活を送ることになる。

松陰と金子は、判決後、麻布の長州藩邸に身柄を移された。このころの金子は、歩行困難で担ぎ出されて臥したまま判決を聞くほどの重病であった。藩政府は、幕府側に打診して、途中金子が病死しても、松陰・金子両人そろって長州藩へ引き渡した以上は、両人そろって萩へ護送するのでなくてはならないとの内意を得て、九月二三日に二人を萩へ向けて出発させた。

護送は、網掛け鎖しまりの駕籠に腰縄付きであり、重病人の取り扱いとしては悲惨を極めた。金子は、呼吸器系と消化管を病んで下痢をしており、衣服の汚れがひどいのに着替えもさせてくれない。護送の役人の処遇ははなはだしく冷淡であり、松陰は、幕府と比べて、長州藩の囚人の取り扱いの酷薄さに激怒している。

杉梅太郎。松陰の兄であり、よき理解者であった

野山獄入獄
「二十一回猛士」

萩に着いたのは、一〇月二四日である。大胆にもアメリカ船に乗り込もうとした松陰は、萩では英雄視されており、子供でもその名を知っているほどであったが、藩政府の対応は冷ややかであった。藩政府は、幕府の判決の在所蟄居《ちっきょ》より厳罰に処して、松陰を野山獄《のやまのごく》へ、金子を岩倉獄《いわくらのごく》へ入れたのである。野山獄は士分向け、野山獄と道を一つ隔てた岩倉獄は庶民向けの獄舎である。長州藩が苛酷な態度で臨んだのは、外様大名である毛利家の幕府への遠慮が働いていた。

入獄した松陰の意気は盛んであった。一一月二日、彼は、次のような「二十一回猛士の説」を書いた。

夢に神人が現れて「二十一回猛士」と記した名札を自分に見せたところで目覚めた。思うに実家の杉家の杉の字は十と八と三からなって二十一の象《かたち》であり、養家の吉田家の吉田も分解すると二十一の象がある。自分の名の寅次郎の寅は虎であり、虎の徳は猛であるが、自分は弱小であるから虎の猛を手本としないと、士として立つことはできない。自分がこれまで猛を用いたのは三度で、いずれも罪を得たり、非難を得たりで、現在は獄中で何もなせない。二十一回やるべき猛の残りは十八回あり、自分の責任は重大である。夢は、自分が益々萎縮して二十一回の猛を遂げられないことを恐れて、神人が現れたのであろう。自分は大いに志気を養わなくてはならない。

この後、松陰は二十一回猛士と自称する。松陰がこれまで猛を用いた三回とは、亡命による東北旅行・「将及私言」などの上書の提言・アメリカ船による海外渡航の試みを指している。二一回の猛を用いるべきところ一八回残しているというのを読んだ梅太郎は、「今より十八回の猛あらばたまり申さず、多言するなかれ、多言するなかれ」と述べている（一一月五日付、杉梅太郎との往復書簡）。これは、実感であったろう。梅太郎は、下田の一件では、しばらくこもって読書するという松陰の誓文にだまされている。松陰が事件を起こすたびに、松陰の身の上に気をもむだけでなく、なんらかの連帯責任を負わされるのは親族である。今回も、百合之助・梅太郎・玉木文之進は、病気を名目にして出仕を止めて謹慎している。

もっとも、父も叔父も、松陰の学殖・識見・志を高く評価しているから、怒りはしない。梅太郎は、自分は大いに怒っているというが、心底愛想をつかしてはいない。獄中の松陰と連絡を取り、何かと世話を焼く。だが、梅太郎は、松陰のさらに用猛をするなどという「多言」が、幕府の寛大な処分にもかかわらず、長州藩の苛酷《かこく》な処分を招いた理由なのだから、少し隠忍自重して、獄中で「史記」を著した司馬遷にならって歴史の大著述をなすようにと松陰に求めている。

野山獄での読書

松陰は、自由を奪われた状況で、熱心に読書に励んだ。嘉永七（一八五四）年一〇月二四日の野山獄入獄から安政四（一八五七）年一一月までの約三年間の読書記録「野山獄読書記」によると、読書の冊数だけでも一五〇〇を越えている。当時の書物は和《わ》綴《と》じで今日とは違うが、非常に多いことだけは確かである。内容的には、歴史書がもっとも多く、詩文、地理書、兵書、経書などである。彼は、読書のほかに、親戚たちを相手に講義や会読などをしたり、著述をしたりした。

「彼れを知り己を知る」

松陰は、入獄直後の一一月、「幽囚録」を書いて、彼が海外渡航の志を抱くに至った事情と理由を述べ、その識見を披瀝《ひれき》している。彼が、これを書いたのは、嘉永七年九月、江戸獄で佐久間象山と別れるとき、象山から海外渡航の企ての真意を明らかにする著述をなすように勧められたことによる。「幽囚録」は、松陰の思想をみる上で重要なので、やや詳しくみることとする。

第一に注目すべきことは、海外渡航の試みを「孫子」の兵法にもとづいて正当化することである。松陰によると、孫子の兵法の要点は「彼《か》れを知り己を知る」ことにあり、そのためには「用間」が不可欠である。間とは間諜《かんちょう》すなわちスパイであり、用間とは敵の情勢を知るためにスパイを用いることである。松陰は、西洋諸国の船が日本近海に出没していることをスパイ行為と捉え、西洋諸国が日本の事情を知っているのに、日本側が西洋諸国を知らないのは「彼れを知り己を知る」兵学の原則からみて全く不合理だと考える。彼にとって、日本の安全を考えるとき、敵情調査のための海外渡航は、兵学的素養から自然に出てくる行動であった。

「禁は是れ徳川一世の事」

次に注目すべき点は、松陰が歴史的素養にもとづいて国策を相対化することである。彼は、古代日本の朝鮮・中国との交流に照らして、鎖国が日本歴史の常態ではないことを明らかにし、鎖国の禁令などは徳川の治世に限られたことであるとして、国際交流の今日における必要性を指摘する。松陰は、次のように言い放つ。

禁は是《こ》れ徳川一世の事、今時の事は将《まさ》に三千年の皇国に関係せんとす、何ぞ之れを顧みるに暇《いとま》あらんや（安政元年一二月五日付、「兄梅太郎との往復書簡」）。

松陰は、自己と現在の状況を歴史の中で捉える視点をもった。そのことが、為政者の政策を明確に批判し、自己の行動を正当化する主張を可能にしているのである。

日本国家の独自性

この歴史的視点は、本来のあるべき日本の像を発見させることでもあった。現下の日本は、外国の圧迫のもとにあるが、彼がみた古代日本は、「上世聖《せい》皇《こう》、威は殊方《しゅほう》を慴《おそ》れしめ、恩は異類を撫したまひ、英図《えいと》雄略万世に炳燿《へいよう》す」（「幽囚録」）というように、国際社会において武威にすぐれ恩愛に厚い光輝に満ちた存在である。しかも、この軍事的倫理的に卓越した日本は、独自な尊厳をそなえていた。日本は、「皇国」として日の神の子孫である皇統が天地とともに永遠に存続し、四方に君臨するものであった。この松陰の日本国家の独自性の思想は、第三に、彼における地理を重視する考え方と相関するであろう。彼は、早くから兵学の根本に地理学を置いたが、いまやそれを人間を捉える学問の基本とみる。彼は、金子重之助に学問をなす方法を問われて、「地を離れて人なく、人を離れて事なし、故に人事を論ぜんと欲せば、先づ地理を観《み》よ」（「金子重《しげのすけ》輔行状」）と教えた。こうした地理学的視点による土地の特殊性の認識が、松陰における日本の国家の独自性の意識の存立と相関するものと考えられる。

対外的膨張主義

注意したいことは、天皇統治に国家の独自性の焦点をおく、松陰における皇国日本が対外的膨張の性格をもつことである。彼において、日本国家は、海外諸国を支配するべく膨張することで光輝を増す存在である。

今急に武備を修め、艦略ぼ具はり礮《ほう》略《ほ》ぼ足らば、則ち宜しく蝦夷を開墾して諸侯を封建し、間に乗じて加摸察加《カムサッカ》・隩都加《オコック》を奪ひ、琉球に諭し、朝覲《きん》会同すること内諸侯と比《ひと》しからしめ朝鮮を責めて質を納《い》れ貢を奉ること古の盛時の如くならしめ、北は満洲の地を割き、南は台湾・呂宋《ルソン》の諸島を収め、漸に進取の勢を示すべし。然る後に民を愛し士を養ひ、慎みて辺圉《ぎょ》を守らば、則ち善く国を保つと謂ふべし（「幽囚録」）。

松陰が理想とする皇国は、天皇統治のもと対外膨張をすることで光輝を得る。ここには、軍事力による侵略主義の性格がある。この露骨な軍事力による海外雄飛は、ペリーの軍事的圧迫による開国要求と同じである。後に松陰の侵略主義は転換するが、この時点では軍事的侵略による海外雄飛の栄光が目指されているのである。彼の兵学・歴史学・地理学的素養は、あげてこの皇国の防衛・光輝の発揚に向けられている。

松陰のすさまじいまでの勉強ぶりに、強烈な知への衝迫をみることができるが、この知は皇国日本の防衛・光輝の発揚へと収斂《しゅうれん》してゆくものである。しかも、そこに、彼の学問精神の実学性がある。

実学的学問の普遍性の自覚

「器械技芸は年を逐《お》ひて変革し、思慮に始まりて試験に成ること素《もと》より華夷《かい》なし、何ぞ都鄙《とひ》あらん」（「幽囚録」）という言葉は、松陰の実学的学問精神をよく示している。彼は、現下の国防のための学問を求めており、実用的な「器械技芸」を主たる学問の対象とする。器械技芸は「思慮」に発するが、「試験」によって現実の効用が測られるもので、地域の特殊性はありえない。この意味では、松陰は、実学的な学問に含まれる普遍性をみていた。

松陰は、そこで、国防のための学問を、普遍的に開かれたものとして、したがって国際的に開かれた場で展開する兵学校を提唱する。この学校に外国語科を作ってオランダ・ロシア・アメリカ・イギリス諸国の書物の勉強をすること、外国に俊才を派遣して海外の学術を学ばせ、あるいは日本に外国人を教師として招くことを提案している。彼は、国力増強のための学問の必要から、積極的に外国の進んだ知識を吸収する学校を構想するのである。

「皇国の民」

「幽囚録」において注意すべきもう一つの点は、松陰の自己の意義づけである。彼は、自己を皇国に生まれ育ち「皇恩」を受けた「皇国の民」であるとする。自己を皇恩に報じ皇国に忠義を尽くす存在と位置づけることは、一方で、長州藩士・子・弟などの封建社会が自己に付与するさまざまな性格を相対化し、他方で、自己を皇国の運命の責任を担うものとする。海外渡航の試みも、皇国の民としての責任に発することである。

「幽囚録」における松陰の海外渡航の試みの正当化は、皇国日本という国家像と皇国の民としての自己の意義づけに核心をもつ。皇国への忠義を第一義とすれば、封建体制のもとで自己と幕府・藩主・親・親族等との間に成り立つ規範は、皇国の民としての自己にとってすべて相対化される。松陰は、皇国のために幕府の禁令を破ったのであり、また、兄への血判による誓いも皇国の観念によれば破棄し得るのである。

松陰は、これ以後も封建的諸関係とその規範を否定してしまうことはないが、皇国と皇国の民としての自己との絶対化へと傾斜してゆく中で、封建的諸関係とその規範を相対化する方向を辿るのである。このように、自己を絶対的な国家に従属するものとして国家に重ね合わせることで、その自己を絶対化してゆくところに、松陰の精神・エートスの近代への方向性がある。

金子重之助の死「冤魂慰草」

さて、嘉永七年は一一月二七日に安政と改元したので、年が明けると安政二（一八五五）年である。正月一一日に金子重之助が遂に亡くなった。二五歳である。松陰は、金子の事績を世間に知らせ、歴史に名を残す方法を考えた。彼は、五月より野山獄の同囚や広く知友に呼びかけて、金子の魂を慰めるための詩文俳句を集めて「冤魂慰草《えんこんいそう》」を作ることとしたのである。呼びかけに応じて詩文俳句を寄せた人々は、野山獄同囚のほか、僧月性《げっしょう》・木原慎斎・杉梅太郎・僧黙霖《もくりん》・佐久間象山・久坂玄瑞《くさかげんずい》・広瀬旭荘・後藤春蔵・西田直養《なおかい》などである。これに収録した最後の作品は、松陰が幕府から喚問されて江戸に発つ直前の安政六（一八五九）年五月二一日に作った歌であるから、完成には四年間かかっている。松陰は、このような形で、金子の英雄としての名を不朽なものとしようとしたのである。それは、松陰自身が歴史の中での自己の意義を意識していたことを示すものでもある。

松陰が、野山獄に入ったことは彼の海外渡航の挫折によるものであった。「幽囚録」や「冤魂慰草」は、その行動の意義についての総括の意味をもつ。これで、彼のこれまでの行動は一応の決着をみたことになり、ここから、彼の新しい行動が始まるのである。以下に、松陰の新たな行動をみていくこととする。

野山獄

野山獄《のやまのごく》は、通路をはさんで南北に独房が六室ずつ計一二室あり、すでに一一人が入っていて、松陰の入獄で定員が一杯になった。先にいた囚人の在獄は、松陰の入獄時に、最高齢七四歳の大深虎之允の四七年間を最長として、次が一七年間、最短のものは約一年間であった。彼らは、おおむね、出獄の可能性がなく、ただ死を待つのみであり、その心は荒《すさ》み、自暴自棄となっていた。松陰の入獄は、野山獄の人々の心と生活を大きく変えることになる。彼は、安政二年六月に書いた「福堂策」で、次のように述べている。

「福堂策」

余、野山獄に来りてより、日々書を読み文を作り、旁《かたわ》ら忠孝節義を以《もっ》て同囚と相切磋《せっさ》することを得、獄中駸々乎《しんしんこ》として化に向ふの勢あるを覚ゆ。是れに因りて知る、福堂も亦難からざることを。

松陰は、野山獄で、読書をしたり、俳句など詩文を作るとともに、獄囚たちと倫理的向上のために切磋琢磨した。その結果、獄中に善に移る気運が生じたので、牢獄を「福堂」とすることも難しくはないと語る。福堂とは幸福の集まるところという意味である。松陰は、自ら読書に励むとともに、同囚を大いに倫理的に教化した。彼は、俳諧《はいかい》をよくした同囚の吉村善作・河野数馬に俳諧を学び、さらに他の囚人たちと俳諧の会を催したり、漢詩の道を楽しんだりして、文学を通して彼らの感情の陶冶《とうや》に寄与した。こうした文学的活動の成果は、「賞月雅草」「獄中俳諧」として結実する。

松陰の主たる関心は、文学よりは日本国家の運命にある。彼は、同囚とともに国家の現状と採るべき方策について議論した。その記録が「獄舎問答」である。さらに、彼は、囚人たちを相手に、「日本外史」の対読や「孟子」「論語」の講義をした。「孟子」の講義を機縁として松陰最大の著書「講孟余話」が生まれる。

松陰の教化により、囚人たちの生活態度に積極性が生じ、学問に向かうまでになった。彼の感化は野山獄を管理する司獄の福川犀之助《さいのすけ》やその弟高橋藤之進、さらには獄卒にも及んだ。福川と高橋は、松陰の人格と識見に敬服して弟子の礼をとり、彼に可能な限りの配慮を惜しまなかった。

月性と默霖

松陰は、獄外との交流もはかり、新たに知己が二人生じた。一人は、法話で海防を説き、尊王攘夷《そんのうじょうい》を主張して海防僧の名を得ていた、周防《すおう》国遠崎の真宗僧侶月性《げっしょう》である。月性との書簡の往来は、安政二（一八五五）年三月から始まった。月性は、三月九日萩を訪れて杉家に寄り、梅太郎や中村道太郎・赤川淡水兄弟や土屋蕭海《しょうかい》と会見している。松陰は、月性と直接会うことはなかったが、彼の「海防意見封事」を読み、朝廷に討幕を請うべきだとする主張に対して、国内が幕府を中心に結束し、武備を充実して外敵に当たるべきであると批判した。幕府を雄藩連合で支える構想が、当時の松陰の持論であった。もう一人は、勤王僧として名高かった安芸《あき》国長浜の真宗僧侶宇都宮黙霖《もくりん》である。黙霖との交渉は、安政二年九月から始まったが、それについては後にふれる。

松陰は、獄中において教化活動をし、また社会とのかかわりを持ちつづけようとする積極的能動的な態度を保持している。彼は、いかなる状況においても、不屈に最善を求めるのである。

月性剣舞の図。賛を書いているのは宇都宮黙霖である

「獄舎問答」

野山獄に入った松陰は、新たな状況判断に立ち、政策転換を主張するに至る。それを示すものに同囚との議論を記した「獄舎問答」（安政二年四月）がある。松陰は、その冒頭で、「アメリカ・ロシアら外国勢力がわが国をうかがう気配をみせているので大変乱が起こると思われる、その時期はいつか」という質問に対して、「太平尚《な》ほ久しかるべし。悲しいかな、悲しいかな」と答えている。太平とは、アメリカ・ロシアの武力の威嚇による開国要求に屈服して、恥辱をかえりみずに交流をはじめている日本の現状をいう。彼は、当分諸外国との平和的な交流がつづくが、この交流は漸進的な外国による侵略であるとみる。松陰は、漸進的な侵略を阻止するための要点を民心の掌握にあるとする。現在なすべきことは砲艦の製造で財力を消耗するより軍事費を削減して国力を強め、民力を休養して国家への民の忠義心を涵養することである。砲艦などは国際交流が進めば無理して自前で作らなくとも数年すれば海外より購入できる、むろんその間に研究を忘れてはならないが、いま大事なのは「内治」であり、民心が外国勢力になびくことなく、為政者に心服して国家のために身命を致すようにすることである。これは現状が「大機」を失しており、西洋諸国との戦争は「十年」はないという、このころの松陰の状況判断によるものである。

「獄舎問答」は、軍事力増強による攘夷決戦から軍備削減と民政の充実による国力の増強への政策転換を主張するものであり、松陰は、屈辱的な当面の平和の中で国家への忠義に励む臣民の育成をはかり、国内の安定と統一を最重要課題とするのである。だが、松陰の獄中教育のもっとも重要な成果の一つは、「講孟余話」であり、ここに彼の思想が豊富に展開されている。

「講孟余話」

「講孟余話」の成立事情　松陰は、安政二（一八五五）年四月一二日から野山獄の同囚を相手に「孟子《もうし》」の講義を始め、六月一〇日に全編の講義を終えた。ついで、六月一三日に野山獄の囚人たちと「孟子」の輪講を始めた。彼は、この孟子研究会で得たことを記録して、それを「講孟箚《こうもうさつ》記《き》」と名づけた。輪講は、一一月二四日に万章上篇で中断したので、箚記もここで中断した。この中断は、松陰が野山獄から出て杉家での謹慎生活に移ったことによる。

そもそも松陰を野山獄へ入獄させた藩政府の処置は、在所蟄居《ざいしょちっきょ》という幕府の判決に照らして過重であり、佐久間象山の自宅蟄居ともバランスを失していた。坪井九右衛門《くうえもん》らの努力により、松陰は、安政二年一二月一五日、病気保養の名目で、親元杉家での蟄居となった。無罪放免ではないから外出は許されず、四畳半一室に幽囚の身である。他人との接触も公には憚《はばか》られたが、内密に談論、教授することは可能であった。

さて、「講孟箚記」の中断を惜しんだ、父百合之助、兄梅太郎、久保五郎左衛門が、「孟子」講義の継続を求めたので、彼らを相手に一二月一七日に講義をして、またしばらく中断するが、安政三（一八五六）年三月二一日に再開し、六月一三日に講義を終え、箚記は同月一八日に成った。この講義の受講者は、右の三人と、中途から玉木彦介・高洲《たかす》瀧之允《たきのじょう》・佐々木梅三郎が加わった。佐々木が杉家の隣家の子である以外は、いずれも親戚である。なお、松陰は、この読書記録について、箚記の箚は鍼《はり》で刺すという意味で、文義を鋭くえぐりとる意味があるが、「一憂一楽、一喜一怒」を「孟子」に託して記した余話であるから、「講孟余話」とするのがよいとした（「講孟余話」跋）。

「聖賢に阿らぬこと」「君父は其の義一なり」

この書物は、「孟子」の講義記録としては独特である。通常の儒家であれば、「孟子」を道を明らかにした経書として、自己の思い入れなしに忠実に読み解こうとするだろう。松陰は、そうしなかった。彼は、「講孟余話」の冒頭で、次のように述べている。

> 経書を読むの第一義は、聖賢に阿《おもね》らぬこと要なり。若し少しにても阿る所あれば道明かならず、学ぶとも益なくして害あり。孔孟国を離れて他国に事《つか》へ給ふこと済まぬことなり。凡そ君と父とは其の義一なり。我が君を愚なり昏なりとして、生国《しょうごく》を去りて他に往き君を求むるは、我が父を頑愚として家を出でて隣家の翁を父とするに斉《ひと》し（「講孟余話」巻の一）。

松陰は、経書を読むときの第一の心得を、聖賢におもねらないことだとする。これは、現在の状況に対処するために書物を読む、彼の読書の基本的な態度からくる。彼は、書物自体の抱く主張を内在的に理解して、そこに含まれる意味を明らかにする態度をとらない。彼にとって、日本の国家的危機とその運命が最大の関心事であり、その関心に応じて「孟子」を読む。ここから孔子・孟子への批判が導かれる。

松陰は、孔孟が自分の生国を離れて他国に仕官を求めたことを、人にとって君と父の意義は同一であるとみる立場から、自分の父を捨てて他家の人を父とするのと等しいと批判する。君父の意義が同一であるとは、君臣関係を義を実現するか否かで離合するものではなく、血縁の故に絶対に離別し得ない親子関係と同じであるとし、臣民は、人君から去ることなく絶対的に忠義を尽くすべきだとすることである。松陰は、人君が自らの意見をいれないときは、人臣はあくまで自国を離れることなく、「諫死」「幽囚」「飢餓」すればよいという。さらに、彼は、死を賭する絶対的な忠義を尽くして人臣の道を明らかにし、永世の模範となって国風を正すことは、功業・名誉を挙げることはなくとも、「大忠」であるとする（同上）。

孟　子

「国　体」

松陰は、このことを、「此の論、是れ国体上より出で来る所なり。漢土に在りては君道自ら別なり」（同上）と、中国と日本では「国体」が違い、それ故に「君道」が違うことからくる、人臣の道の違いであるという。松陰の孔孟批判は、孔孟の全面的否定ではなく、孔孟が聖賢であることを認めた上で、中国では孔孟の主張は通用するが、日本では通用しないとするものである。中国では、万民に卓越した智恵のあるものが人君になる。だから、尭・舜・湯・武が禅譲・放伐という仕方で、天子の位を人臣に譲ったり、人臣が天子の位を奪ったりしても、その人君となった人臣が卓越した存在であれば、聖人といわれ得る。日本はこれと異なる。「我が邦は上天朝より下列藩に至る迄、千万世世襲《せしゅう》して絶えざること中々漢土などの比すべきに非《あら》ず」（同上）と、永遠に皇統が上に連綿として絶えず、諸藩も藩主が世襲して絶えないのが君道であり、臣下は譜代の臣下として世襲的に藩主に仕える。これが日本の「国体」である。このように、松陰はいう。

「独」と「同」

松陰のいう「国体」は、それぞれの国家の形作る独自な体制を意味する。国体は、その語の基本的な意味として特殊性を帯びている。ところが、聖賢の道の概念には普遍性が含まれているのであるから、特殊な国体と普遍的な聖賢の道とどのようにかかわるかが問題である。松陰は、この国体の特殊性と道の普遍性の問題を「独」と「同」の概念によって、次のように説明する。

道は天下公共の道にして所謂同なり。国体は一国の体にして所謂独なり。君臣父子夫婦長幼朋友、五者天下の同なり。皇朝《こうちょう》君臣の義万国に卓越する如きは、一国の独なり（「講孟余話」巻の四下）。

五倫がすべての社会にあることは普遍的な道として「同」であるが、君臣が万世にわたって変わらない日本の特殊なあり方は「独」であるという。ただし、国ごとに異なる社会のあり方がただちに国体ではない。

国俗と国体は自ら別なり。大抵《たいてい》国自然の俗あり。聖人起りて其の善を采《と》り、其の悪を濯《あら》ひ、一箇の体格を成す時は、是れを国体と云ふ（同上）。

国において「自然」に形成されるのが「国俗」であり、国体は、聖人が国俗の善をとり悪を洗い落として形成した「一箇の体格」、つまり聖人が形成した国の体制である。

日本の国体

この議論によると、日本には通常の意味の聖人は出現していないから、国体はありえないことになりそうであるが、松陰は、日本に国体が厳然とあるとみる。

吾が国は辱《かたじけな》くも国常立尊《くにのとこたちのみこと》より、代々の神々を経て、伊弉諾尊《いざなぎのみこと》・伊弉冊尊《いざなみのみこと》に至り、大八洲国《おおやしまぐに》及び山川草木人民を生み給ひ、又天下の主なる皇祖天照皇大神《あまてらすおおみかみ》を生み給へり。夫《そ》れより以来列聖相承け、宝祚《ほうそ》の隆《りゅう》、天壌《てんじょう》と動きなく、万々代の後に伝はることなれば、国土山川草木人民、皆皇祖以来保守護持し給ふものなり（同上）。

松陰は、伊弉諾尊・伊弉冊尊の二神が日本の国土・人民を生み、天照大神を生み、天照大神の子孫が歴代の天皇として日本の国土・人民を不変的に統治しているとする。この天皇が不変的に統治するあり方こそ日本の国体であり、「漢土には人民ありて、然《しか》る後に天子あり。皇国には神聖ありて、然る後に蒼生あり。国体固より異なり」(「講孟余話」附録) と語る。彼は、日本の国体の形成にあずかる聖人を「神聖」である皇祖・皇統にみる。国体は独として特殊であるが、聖人・神聖の生み成したものとして善である。だから、国体も道といってよい。彼は、道に同と独の二面を認めて、同の普遍的な道だけでなく、独の特殊な国体もまた道であるとする。つまり、同と独の概念によって、日本に独自な道があると主張するのである。

同より独が重大

さらに、松陰は、日本の独自性だけでなく、「皇朝君臣の義万国に卓越する」こと、すなわち日本の君臣の道が世界に冠たることを主張する。むしろ、彼が、同と独の概念に着目するのは、日本の独なる国体の卓越性を語るところに主眼がある。彼は、このことを独の意味から語りだす。

そもそも、同と独の概念は、「孟子」尽心下篇「曽哲羊棗《そうせきようそう》を嗜《たしな》む、而して曽子羊棗を食うに忍びず」条に由来する。さて、孝行な曽子は、父曽哲の死後、父の好物であった羊棗 (なつめの一種) を食べなかった。孟子は、これを説明して、曽子は膾《なます》や炙《あぶ》り肉などの美味なものを食べたが羊棗だけは食べなかった、それは膾や炙り肉は人々の「同」じく好むものであり、羊棗は父曽哲「独」り好むところであったからである、このことは、親の名は親独りのものであるから忌んで口にしないが、姓は一族みな同じものだから忌むことなく口にするのと同じ道理である、と。

松陰は、この同と独の議論を国体に適用して、「名を諱《い》みて羊棗を食はざるの義を以て是れを推《お》すに、国体の最も重きこと知るべし」（同上）と、独である特殊な国体としての道が、同としての普遍的な道よりも重大であることを導き出す。特殊な国体こそが重大であれば、日本独自の君臣関係が重大なこととして世界に冠たるものと主張できる。松陰は、天皇・人君の君臨の不変性と臣民の天皇・人君への絶対的忠義からなる日本の君臣関係の独自性を、尊厳ある国体として語るのである。

「天下は一人の天下」

この日本の国体の独自性と尊厳は、日本神話において皇祖神が日本の国土と臣民を生成したという事績に根拠がある。これが、中国では人民があって天子があるが、日本では「神聖」があって人民があるという、日本の君主の絶対性を導くのである。これを受けて、松陰は、「天下は一人の天下である」という命題を提示する。彼は、この命題は文献的にも根拠があるという。

「天下は一人の天下に非《あら》ず」と云ふは六韜《りくとう》に出づるの語にて、必ずしも聖経《せいけい》に出づるに非ず。漢土にても通論とするに非ず。思ふに禅譲放伐の事に因りて云ふなるべし。「普天の下、王土に非ざるなく率土の浜、王臣に非ざるなし」と云へば、明かに天下は一人の天下とするなり（同上）。

ここで「将及私言」に存在した「天下は天下の天下である」とする命題は、明確に否定される。この「天下は一人の天下である」とする天下観は、禅譲・放伐や革命のある中国と日本は異なるとする、松陰の国体観と完全に照応するものである。

「防長両国は一人の両国なり」

この天下観について、もう少し考えなくてはならないことがある。「講孟余話」の「天下は一人の天下である」という命題は安政三年六月四日の講義によるが、この講義にわずかに先立つ五月二三日付「斎藤生の文を評す」でも、松陰はこの命題を主張している。そこに、「講孟余話」を補足する論点がある。

謹んで按ずるに、わが大八洲《おおやしま》は皇祖肇《はじ》むる所にして、万世の子孫に伝へたまひ、天壌《てんじょう》と窮りなき者、他人覬覦《きゆ》すべきに非《あら》ざるなり。其の一人の天下たること亦明なり。請ふ必無の事を設《つら》ねて、以て其の真に然《しか》らざるを明かにせん。本邦の帝皇或は桀紂《けっちゅう》の虐あらんとも、億兆の民は唯だ当《まさ》に首領を並列して、闕《けつ》に号哭して、仰いで天子の感悟を祈るべきのみ。不幸にして天子震怒《しんど》し、尽《ことごと》く億兆を誅したまはば、四海の余民、復《ま》た孑遺《げつい》あるなし、而《しか》して後神州亡ぶ。若《も》し尚《な》ほ一民の存するものあらば、又闕に詣《いた》りて死せんのみ。是れ神州の民なり。或は闕に詣りて死せずんば、則ち神州の民に非ざるなり。（中略）

下邦国に至りても亦然り。今防長両国は一人の両国なり。一人にして在らば、則ち両国在り、一人にして亡《な》くば、則ち両国亡し。不幸にして一人、其の人に非ずんば、則ち両国の民当に皆諫死すべし。若し或は死せず、去って他国に往くは、両国の民に非ざるなり、山中に隠耕するは、両国の民に非ざるなり（「斎藤生の文を評す」「丙辰幽室文稿」）。

「天下は一人の天下である」という命題は、文字通りには、臣民の天皇への絶対的忠義に収斂すると思われるが、この文によると、必ずしもそうではない。松陰は、「天下は一人の天下である」の命題を、日本は天子一人の日本であると解するとともに、周防長門二国は長州藩主一人の二国であると解する。彼は、日本の国体の内実を、天子が日本を世襲的に統治するとともに、諸藩では藩主が世襲的に各藩を統治する、二重の構造において捉えている。このように、天皇の君臨する日本の内部に藩が存在し、その藩が藩主一人のものであるとき、臣民の忠義の直接の対象は、藩主となる。天皇は藩主の忠義の対象であるが、臣民の忠義の直接の対象ではない。

これは、次のような武士の倫理にもとづいている。武士の倫理では、家臣は自己の直接の主君へ忠義を尽くすべきであるが、主君の主君への忠義を直接尽くすのではなく、家臣は直接の主君への忠義を通してのみ、主君の主君への忠義を尽くすのである。このような武士の倫理と社会認識にもとづいて、松陰は、「天下は一人の天下」の命題を、日本は天皇一人の日本であると語りながら、具体的には、領国は藩主一人の領国であると語るのである。

諫　死

ところで、松陰は、天下は一人の天下、具体的には藩は一人の藩とする命題に対応する、臣民の忠義の方法を、諫死《かんし》による人君の感悟としている。諫死は、松陰が先に祖国を離れた孔孟を批判する中で、日本の臣民のとるべき態度として説いていたもので、日本のあらゆる臣民に要請される、日本の国体に相応する忠義の仕方である。

ここで注意したいのは、徳川期の武士社会では、諫言《かんげん》が一定の地位にあるもの、主として家老の任務であったことである。松陰は、このことを踏まえて、独自な諫死を説く。彼のいう諫死は、諫言することの許されるものが諫言したことにより与えられる誅罰としての死ではなく、諫言を許されないものが死ぬことで主君の感悟を求める、死と直結する諫言である。通常は許されない諫言が、死と結びつくことで、あらゆる家臣のなし得ることであり、なすべきこととなる。それが、諫死としての諫言である。

松陰は、日本における臣民の忠義として、諫死としての諫言の概念を提示して、あらゆる臣民が主君に対して直接忠義を尽くすことのできる道を開いたのである。このとき、臣民は天皇へ直接に忠義を尽くすのではなく、自己の主君への忠義を通してのみ、天皇への忠義を尽くすものである。松陰は、臣民が天皇の感悟を求めて諫死するというとき、臣民は主君とともに諫死するのであり、臣民が主君を度外視して天皇のもとに諫死に赴くと想定していない。

にもかかわらず、松陰が、このような諫言としての諫死の概念を提示したことは、諫言を許されない臣民の諫言を可能にしている点で武士社会の階層的秩序を相対化するとともに、また、臣民の天皇への直接的忠義への回路を開いてしまったのでもある。

「一人の天下」の意味

さて、右の文における「天下は一人の天下」とする命題について、もう一つ注目すべき事柄がある。松陰は、天皇・藩主が存在することで日本・藩が存在するのだとして、天皇・藩主が暴虐で臣民を誅戮《ちゅうりく》するならば、全臣民が諫死するまでだと主張する。それは、「必無」、すなわち決してあり得ない仮想の上のこととしても、まことに激越である。そして、この激越さがこの主張の意味を明らかにする。天皇・藩主が存在することが日本・藩が存在することだという主張は、日本・藩の存在自体が問題であること、つまり、日本・藩が存亡の危機にさらされていることを意味する。天下は一人の天下・藩は一人の藩の命題は、一人の天皇が日本そのもの、一人の藩主が藩そのものであることを意味する。松陰は、一人がなければ日本・藩はないというのである。

ここで、臣民が全く受動的な存在であるかといえば、逆である。臣民は、天皇・藩主へ絶対的に忠義を尽くすという仕方で、天皇・藩主の存在を確保し、したがって日本の国土・藩の領土を確保する、すぐれて主体的な存在である。むしろ、天皇・人君の存在は、挙げて臣民の護持に委ねられており、その意味で天皇・藩主自身は受動的なのである。このことは、松陰における臣民あるいは松陰自身が、絶対的忠義においてすべてを天皇・人君へと捧げることにより、天皇・藩主と一体化していることを意味する。

「仁　政」

だから、松陰における臣民の人君への絶対的忠義の主張は、人君による臣民の尊重の主張と表裏するのである。彼は、次のように述べている。

天下より視れば人君ほど尊き者はなし。人君より視れば人民程貴き者はなし。此の君民は開《かい》闢《びゃく》以来一日も相離れ得るものに非《あら》ず。故に君あれば民あり、君なければ民なし。又民あれば君あり、民なければ君なし（「講孟余話」）。

松陰は、日本の国体として、臣民が生国の人君を捨てて他国へ行くことを否定するが、それは君民が一体不可分であることによる。この君民一体不可分の国体は、人君あって臣民があるとともに臣民あって人君がある点で、臣民からみれば人君が極めて尊いが、人君からみれば臣民が極めて貴い。松陰は、だから、「仁政」すなわち民の尊重を孟子の政策の基本であるとして、それを国策の中に積極的に取り入れる。

松陰は、孟子の仁政の思想が、兵備を縮小して防衛費を削減して民力を休養させることで、民に人君と国家への忠義を喚起して国内政治の安定をもたらし、外敵の侵略に有効な防衛手段となるとする。当面の平和の継続という状況における仁政の重視は、「獄舎問答」にもみたところであり、この時期の松陰の思想の基調をなすものである。松陰は、国家を支えるものとして人民をみていたのである。

論　争

松陰は、「講孟余話」への批評を元長州藩明倫館学頭山県太華《やまがたたいか》に求めた。しばらく、「講孟余話」をめぐる松陰と太華の論争をみることとする。

山県太華の「怯懦」

朱子学者太華は、「道は天下の間一理にして、其の大原《たいげん》は天より出づ。我れと人との差なく、我が国と他の国との別なし」(「講孟余話」附録)と道の普遍性の観点から、松陰の国体の独の主張を否定する。また、太華には、松陰が国体の独自性を根拠づけるために援用した日本神話の怪誕を批判する点にみられるように、一種の合理性がそなわっていた。この太華の普遍性・合理性にもとづく主張は、それ自体としてみれば説得力があるともいえる。

だが、現下の日本の国家的危機に対する方策についてみるとき、太華の主張は無定見・無責任であった。彼は、武力を背景に強圧的に開国要求をする西洋列強が無礼であるとしても、日本側に対抗し得る武力の準備がなくて侮られる実態がある以上は、深く怒るべきではなく、許容するのがよいという(同上)。このような発言は、第三者的な立場からする客観的な批評としてはともかく、自己の属する社会の運命に対する実践的態度としては退嬰《たいえい》的である。松陰は、「是に至りて怯懦《きょうだ》極まれり」（同上）と酷評する。

松陰としても、日本が現状において西洋列強に武力的に対抗し得るとは考えていないが、強圧的な開図要求を怒りなく許容するわけにはゆかないのである。

先覚後起の思想

彼は、そこで、日本の独立と尊厳を守る実践的態度をもつ人々の結集をはかる。

余囚徒となりて、神州を以て自ら任じ、四夷《しい》を撻伐《たつばつ》せんと欲す。人に向ひて是れを語れば駭《がい》愕《がく》せざるはなし。（中略）先づ一身一家より手を下し、一村一郷より同志同志と語り伝へて、此の志を同じうする者日々に盛《さかん》にならば、一人より十人、十人より百人、百人より千人、千人より万人万人より三軍と、順々進み進みして、仁に志す者豈《あ》に寥《りょう》々《りょう》ならんや。此の志を一身より子々孫々に伝へば、其の遺沢十年百年千年万年と愈々《いよいよ》益々繁昌すべし（「講孟余話」）。

松陰は、幽囚の身である自己を、外国を征伐する日本の国家の担い手を形成する出発点として位置づけ、この自己の「志」を家族・村へと次第に拡大することで多くの「同志」を結集することが可能であるとする。これは、既存の組織の運営の仕方にとらわれることなく、志を同じくするものによる集団の形成を目指すものである。それは、また、少数の自覚した人々の「志」が多数の潜在的な「同志」の自覚を喚起して、必ずや広範な人々の結集を可能とするという発想である。それは、先覚者の激発が必ずや後に潜在的な同志の決起を促すという発想にもつらなっていく。このような発想を先覚後起の思想と呼ぶこととしよう。

まさにこうした発想が、太華の危険視するところであった。彼は、外国征伐をしようとするならば、朝廷の許可のもとに幕府の命令によってなすべきであって、松陰のように同志から同志へと語りかけて結集することは、陰謀の類であるとする。彼には、国家的危機において既存の政治体制が機能しない状況への顧慮がなく、その上に、既存の組織的枠組みから離れた臣民の自発的な力と運動に対する拒否反応がある。

太華の洞察と現状追認

太華は、松陰の主張の中に「当時、皇朝《こうちょう》御威徳衰へさせ給ひ、天下の権勢悉《ことごと》く武家の手へ移りたることを深く嘆き、何とぞ古代の通りに回復したき」(「講孟余話」附録)という願望を、正しく読みとっていた。彼は、朝廷の復興を目指すことが、幕府を「諸侯と同列の地位なるやうに云ひ、諸侯をして君臣の分を疑はしめ」、現存の幕藩体制の秩序の変更を求めるものとみた。そして、同志の結集を説く松陰の主張は、朝廷の復興が容易でない現状で、「時節を待ちて其の功を成さんと謀る」ための戦略であることを、これまた正しく読みとっていた。太華は、この松陰の主張を幕藩体制秩序の維持の立場から排斥するのである。

太華は、状況の変化は天命であって人力の及び難いことであるから、天命に安ずるほかはないとし、天命に安んぜず人力で状況の転換をはかろうとすると大いなる禍害を招くかもしれないという。このような彼は、社会の進むべき方向を提示することなく、現状の受動的な追認を促すのである。

太華の批評と対比すると、「講孟余話」における松陰の思想が、対外的な国家の危機に際して、臣民の力を天皇への忠義に結集して組織化し、社会の活性化と国防体制の充実を目指すものであることが、改めて明らかとなる。そして、太華の合理性・普遍性よりは、松陰の非合理性・特殊性への傾きが、社会的実践への駆動力となることに思い至るのである。

尊王敬幕　この松陰の思想が後期水戸学に近いことは、太華が「本藩にても近来水府の学を信ずる者間々之れあり」（「講孟余話」附録）というのに対して、「吉田寅次郎藤原矩方《のりかた》、其の人なり」（同上）と自認している通りである。彼は、日本神話を根拠とする国体の観念を後期水戸学から学んだのであるし、幕藩体制の存在を前提として尊王敬幕論をとる点でも、松陰の立場は後期水戸学と同じである。

むろん、松陰と後期水戸学には微妙な違いがある。後期水戸学は、松陰の愛読した会沢正志斎の「新論」が、国家的祭祀を通して臣民の天皇・将軍など上長への信服の喚起を求めているように、臣民を上から教化すべき受動的な存在として位置づける。松陰は、自己から出発して同志の結集をはかろうとしており、臣民の側の能動的主体性を重視するのである。松陰の思想は、後期水戸学と微妙に、だが明確に異なる。

宇都宮默霖

松陰は、太華との論争の少し前になるが、月性の縁で接触した宇都宮默霖とも論争し、尊王論について重大な刺激を受けている。次に、松陰と默霖の関係をみよう。默霖は、耳が聞こえず口もきけず、人とは筆談で意見を交換することができるだけであったが、全国各地を行脚して尊王討幕論の立場から議論をして回り、勤王僧として知られていた。彼は、安政二（一八五五）年九月、萩に来て土屋蕭海のもとに滞在した折に「幽囚録」を読んで松陰に関心をもち、野山獄にいた松陰と文通した。この時は簡単なやりとりにとどまったが、安政三年八月に再び萩を訪れた默霖と松陰の間に、書簡による激しい論争が行われた。二人の応酬は、安政二年九月一二日から安政三年九月一日まで往復十数回に及び、立ち入った論争は安政三年八月一四日から九月一日まで、八往復以上のやりとりである。とくに八月一八日から一九日にかけては集中的な論争がなされ、五往復もしている。

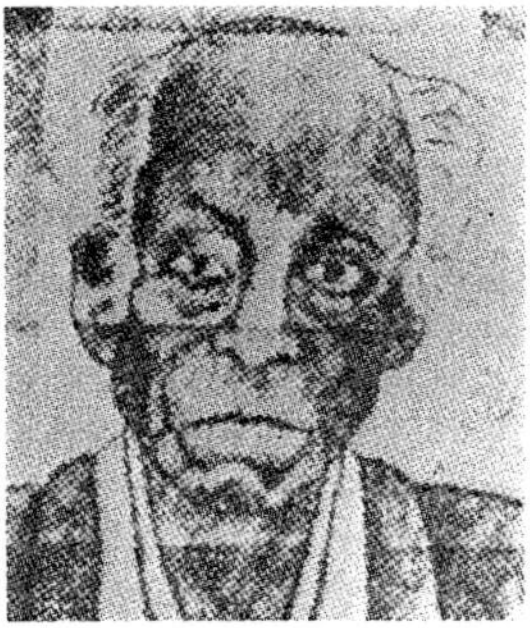

宇都宮默霖

感悟敬幕と誅罰討幕

松陰は、両者の対立点を「上人の心は一筆、一人を誅し、吾れの心は一誠、一人を感ぜしむ」（安政三年八月一八日付、默霖宛）、また、默霖の「一筆、姦権を誅す」に対して自分の「一誠、兆人を感ぜしむ」（安政三年八月一八日・一九日の默霖との往復書簡）というところに認めた。默霖は、王覇の別を明確にして王たる天子への忠不忠を弁じて、不忠なるものを厳しく弾劾すべきであるとする。これは、結局、覇者である幕府の罪を誅罰する討幕論である。これに対して、松陰は、「幕府一日感悟せば、則ち朝を終へずして天下平かならん。諸将一日感悟せば、則ち朝を終へずして一国治まらん。下は一介《いっかい》の士、一廛《てん》の民に至るまで、一感一悟せば、家斉《ととの》ひ身修まらんこと、疑ふべきなきなり」（安政三年八月一五日「浮屠黙霖に復する書」「丙辰幽室文稿」）と、誅罰ではなく、幕府を感悟させようとする。彼は、誠による感悟を他者に対する基本的な態度としている。このとき、上長が感悟すれば、自ずと臣下も感悟すると想定されていることは注意すべきことであろう。

さて、この誅罰討幕と感悟敬幕の対立は、両者の社会的位置と関連している。松陰は、八月一八日・一九日の黙霖との往復書簡で、次のようにいう。

> 僕は毛利家の臣なり。故に日夜毛利に奉公することを錬磨するなり。毛利家は天子の臣なり。故に日夜天子に奉公するなり。吾等、国主に忠勤するは即ち天子に忠勤するなり。然れども六百年来、我が主も忠勤を天子へ竭《つく》さざること多し。実に大罪を自ら知れり。我が主、六百年来の忠勤を今日に償はせ度《た》きこと本意なり。（中略）今の東夷仮令《たとい》桀紂《けっちゅう》にもあれ、我が主人も未だ天朝へ忠勤を欠き居りたれば、征夷の罪を挙ぐるに遑《いとま》あらず。唯だ己れの罪を顧みるのみ。

毛利家への忠勤が天子への忠勤

ここで注目したいことは、松陰が、自らを毛利家の臣と位置づけ、主君たる毛利家への奉公を自己のなすべきこととする点である。しかも、彼は、毛利家が天子の臣であるとし、毛利家の臣である自己は、自己の主君である毛利家への忠勤が天子への忠勤となるとしている。自己の直接的な主君への忠義を飛び越えて、自己の主君の主君に対して直接に忠義を尽くすことをしないのである。これは、先の「講孟余話」においてみた、伝統的な武士の倫理にしたがった主君への忠義である。

黙霖は、八月頃松陰宛書簡で「我ハ小道ニ党《クミ》シテハ決シテ呑込ヌ故ニ直ニ王室ヲ貴ムナリ」と、天子を直接に尊崇する態度を示した。「小道に党する」とは、具体的には幕府を尊王に向かわせて朝廷と幕府の協力による国家体制を目指すことである。彼は、公武合体・尊王敬幕を否定し、臣民の天皇への直接的な忠義を主張したのである。松陰も、日本の臣民はすべて王臣であるとするが、なお封建的主従関係と幕藩体制の存在を認めているから、臣民の天皇への直接の忠義を主張しない。松陰からみれば、黙霖の立場は主従関係を離れた「独行特立」（八月一八日・一九日の往復書簡の松陰の言）であるが、主君もちの松陰は自らの主君への忠義・奉公につとめなくてはならないのである。

右の往復書簡で注目に値するもう一つの点は、松陰が、将軍も毛利家も長期にわたり朝廷への忠義を欠いている点で大罪を犯しているとし、その大罪を「唯だ己れの罪を顧みるのみ」と自己の責任に帰することである。彼は、将軍の罪も主君の罪もそれを諫めることをなし得なかった自己の罪とみなすのである。この態度は、常に自己を社会的実践の立脚地とし、誠による他者の感悟を求める彼の基本的な生き方を表示する。

松陰は、この論争について自分が「降参」したと述べているが、その降参した点は、「天朝」への尊崇の姿勢についてであった。

憂憤の本末

天朝を憂へ、因つて遂に夷狄《いてき》を憤る者あり、夷狄を憤り因つて遂に天朝を憂ふる者あり。余幼にして家学を奉じ、兵法を講じ、夷狄は国患にして憤らざるべからざるを知れり。爾後偏《あまね》く夷狄の横なる所以を考へ、国家の衰へし所以を知り、遂に天朝の深憂一朝一夕の故に非ざるを知れり。然れども其の孰《いず》れか本、孰れか末なるは、未だ自ら信ずる能《あた》はざりき。向《さき》に八月の間、一友に啓発せられて、矍然《かくぜん》として始めて悟れり。従前天朝を憂へしは、並《みな》夷狄に憤をなして見を起せり。本末既に錯《あやま》れり、真に天朝を憂ふるに非ざりしなり（「又読む七則」「丙辰幽室文稿」）。

黙霖は、天朝への憂慮こそ本であり、諸外国への憤激は末であることを松陰に教えたのである。松陰は、この論争以前には、西洋列強への憤激に発して天朝への憂慮・尊崇の念を抱いていたが、黙霖によって、天朝の衰微を憂え天朝への尊崇の念を本にして西洋列強の圧迫を憤激することこそ本来の尊王であると悟った。黙霖は、尊王の絶対性を松陰に突きつけて衝撃を与えたのである。彼は、これ以来、尊王を自覚的に彼の思想の根本に据える。このことは、彼の朝廷・幕府・藩と自己との関係の捉え方に、当面は変化を与えなかったが、後の討幕論への転換、草莽崛起《そうもうくっき》の主張を導く上で重い意味をもつものであった。

松下村塾

最初の門人たち

松陰は、一〇年間は太平がつづくと考えていたので、自らの活動の機会が訪れるまでは、自己の研鑽と近親の教化に励むつもりであった。実際、彼は、野山獄から杉家の幽室に移って後の約二年間、行動の束縛はあったものの、安定した状況のもとで読書と教化と著述に励んだ。彼の教育活動は、はじめは親戚を中心としていたが、外部から教えを求めるものも出てきた。その最初は、斎藤栄蔵と久坂玄瑞《くさかげんずい》で、斎藤は安政三年二月から、久坂は五、六月から書面をもって教えを受け始めた。斎藤は先にみた「斎藤生の文を評す」の相手である。久坂に対して、松陰は、はじめその文章をこっぴどく批判した。これは、玄瑞の非凡さを見抜いたので大成を期待して厳しく接したのである。玄瑞は、やが

久坂玄瑞。松陰の妹文と安政4年12月5日に結婚

て松陰最愛の弟子の一人となり、その妹文を娶《めと》る。夏以前に、松崎（安政四年春に赤根氏の養子となる）武人《たけと》が講義を受けていたと思われる。彼らは、隣家の佐々木亀之助梅三郎兄弟とともに、親戚以外の門下生の第一世代である。

松陰は、安政三（一八五六）年八月二二日から、「武教全書」を講じている。第一回の出席者は久保五郎左衛門・杉梅太郎・佐々木亀之助梅三郎兄弟・高洲瀧之允・玉木彦介である。佐々木兄弟のほかは親戚である。この講義は一〇月六日に終わり、その講義を自ら筆録したものが「武教全書講録」である。なお、講義だけでなく、書物をともに読むことも多かった。

安政三年暮までに松陰に学んだ者は、右に挙げたほかに、倉橋直之助・増野《ましの》徳民《とくみん》・中谷《なかたに》正亮《しょうすけ》・佐々木謙蔵・高橋藤之進・吉田栄太郎（後の稔麿《としまろ》）・松浦亀太郎（後に松洞《しょうどう》と号する）・岡部繁之助らである。また、この間、友人の土屋蕭海・来原良蔵・妻木弥次郎らが、たびたび幽室を訪問している。中谷は、嘉永四（一八五一）年に松陰が江戸に遊学するとき、井上壮太郎とともに同行した人物である。安政三年秋頃から幽室に訪ねてきて夜を徹して談論すること数度に及んだ。中谷は、松陰にとって友人的存在で、後に松下村塾の中心人物の一人となる。

増野・吉田・松浦は、松陰がそれぞれ無咎《むきゅう》・無逸《むいつ》・無窮の字を与えて三無と呼んで愛した年少の弟子である。増野は、安政三年一〇月にきて杉家に同居した寄宿生で、翌年一一月に新しい塾舎ができると松陰と起居をともにするようになる、松陰に最も親近した弟子の一人である。

こうして、幽室に親戚の範囲を越えて青年が集まり、講義や対読・会読が連日行われた。訪問者

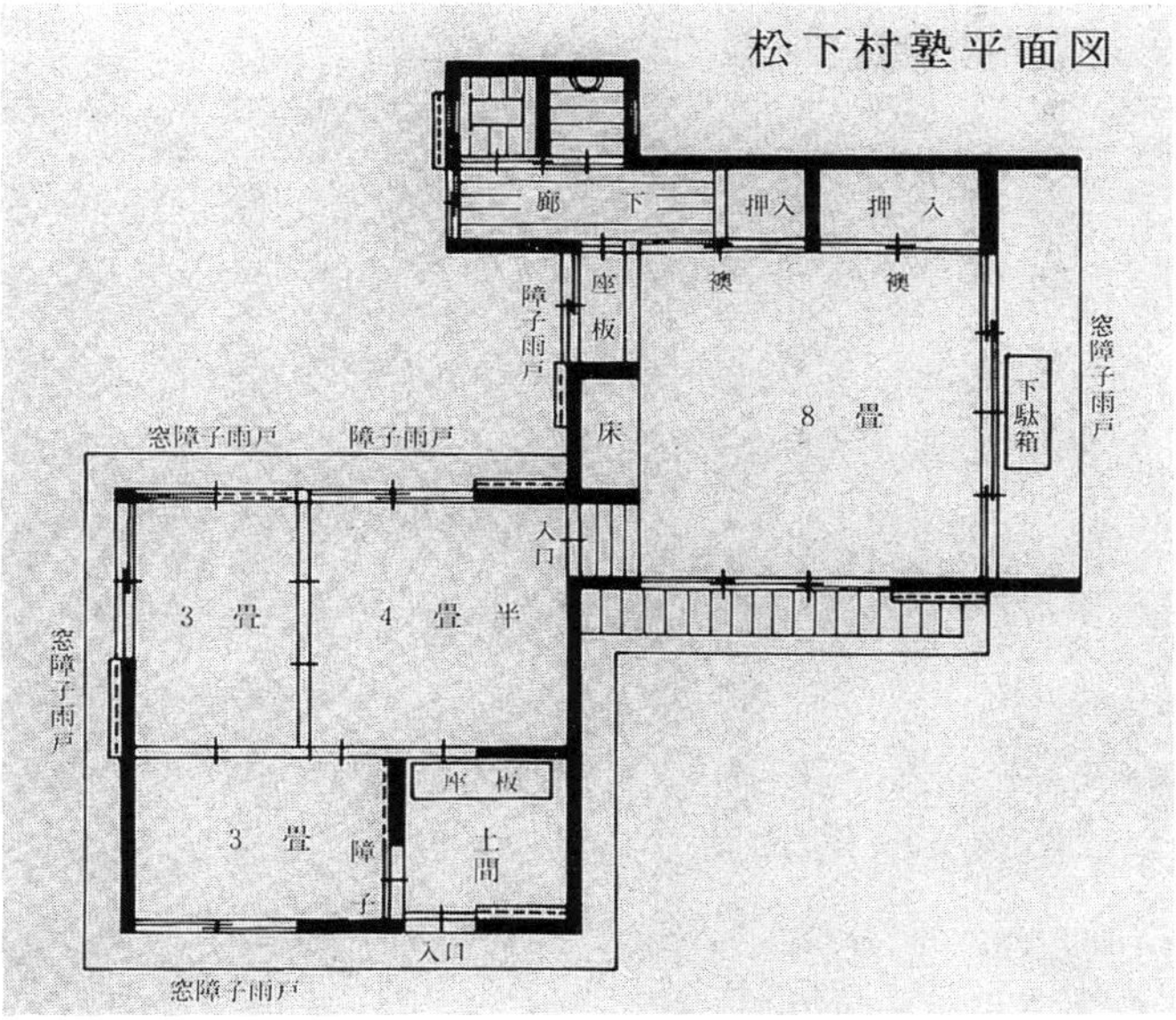

松下村塾の平面図（山口県立山口博物館編『吉田松陰』85頁より）

は午前・午後・夜と入れ違いにきたから、一時に教えを受けるものは多くても四人ほど、大体一人または二、三人である。常連は、玉木彦介・佐々木三兄弟・吉田・増野・岡部らである。

「松下村塾記」

教えを受ける常連がいるから、松陰の幽室を学塾といってもよいが、これはいわゆる松下村塾ではない。松下村塾は、松陰の叔父玉木文之進が天保一三（一八四二）年に松本村新道の自宅にはじめて開いたもので、松陰が幼時に兄とここで学んだことはすでにみた。この塾は、文之進の公務多忙のため嘉永元（一八四八）年に閉鎖され、久保五郎左衛門が松下村塾の名を引き継いで子供を教えた。右に名の出た吉田や後に松陰門下となる伊藤利助（後の博文《ひろぶみ》）らはここで学んでいる。

松陰は、久保の松下村塾のために安政三年九月四日に「松下村塾記」を書いて、松下村塾、ひいては松陰自身の教育理念を明らかにした。それによれば、松下村塾の名は所在地の松本村にちなむもので、松本村を起点にして萩へ、萩から天下へとすぐれた人材を興起することを目的とする。教育目標は「君臣の義」の自覚と「華夷の弁」の認識である。松本村から天下を展望するのは、常に自己の立脚地を実践の出発点とする彼の基本的態度を示し、尊王と皇国日本の尊厳の認識を教育目標とする点は、彼の思想の核心を示している。

松陰は、ここで、「余は罪囚の余、言ふに足る者なし。然れども幸に族人の末に居れり。其の、子弟を糾輯《きゅうしゅう》して、以て二先生の後を継ぐがごとくんば、則ち敢へて勉めずんばあらざるなり」と述べている。これは、彼が、玉木文之進・久保五郎左衛門「二先生」の親族として松下村塾を継承することの了解が、文之進・久保と松陰の間であったことをうかがわせる。だが、松陰の塾は、当面、久保の松下村塾と並存していたのであり、ときに久保塾生を受け入れながら、次第に確固とした存在となってゆくのである。

梅田雲浜来訪　安政三年一二月には梅田雲浜《うんぴん》が萩に来て藩政府の要路と会い、長州藩の尊王攘夷への積極化を求めるとともに、長州藩と上方との物産交易の工作をして、翌四年正月中頃に萩を去った。雲浜と松陰は、嘉永六年一二月に京都で会い、翌年三月下田密航の直前にも会っている旧知の間であり、彼は松陰を幽室に訪ねて、松下村塾の額面を書いてくれた。この額面の所在はわからない。この時の雲浜との会見は、後に幕府が松陰を再び喚問する際の一つの理由となる。

幽室教育の協力者

安政四（一八五七）年には、一時に集う門弟が多くなった。松陰が、一人二人の相手をすることも多いが、四人、五人という場合もしばしばである。新たに来塾するものも増えた。常連の仲間入りをしたのは国司《くにし》仙吉・久保清太郎・有吉《ありよし》熊次郎である。清太郎は五郎左衛門の子で、松陰にとっては親戚であり、江戸から萩に戻った四月から塾に顔を出すようになったが、門弟というより協力者といった存在である。そして、次第に充実してゆく松陰の塾に、もう一人の協力者を得た。野山獄で同囚であった富永有隣《ゆうりん》である。松陰は、富永の出獄のために、藩政府に出獄嘆願書を書いて清太郎の名で提出するなど尽力した結果、七月三日に出獄できた富永を、七月二五日、彼の塾に師として迎えたのである。

安政四年八月から九月にかけて入塾するものが急増し、二〇人を越える新規の来塾者があった。有力な人物は、高杉晋作・馬島甫仙《まじまほせん》・尾寺新之丞《おでらしんのじょう》・伊藤利助・品川弥二郎・妻木寿之進《ひきのしん》（弥次郎の子）・冷泉《れいぜん》雅二郎（後の天野御民《みたみ》）・岸田多門・横山重五郎（後の幾太）・飯田吉次郎らである。また、大野音三郎・市之進・溝三郎という三人の腕白な少年も入ってきた。

松陰の松下村塾

こうなると幽室四畳半では狭いので、杉家の敷地内にあった小屋を修理して塾舎とすることにし、安政四年一一月五日に八畳一室の新塾舎が完成した。松陰は、幽室からここに移って起居することになる。松陰が主宰し、富永・清太郎が補佐する、松陰の松下村塾が、このとき誕生した。

一一月から一二月にかけて新規に来塾したのは、佐世八十郎《させやそろう》（後の前原一誠《まえばらいっせい》）・岡部富太郎・天野清三郎（後の渡辺蒿蔵《こうぞう》）・山田市之允《いちのじょう》（後の顕義《あきよし》）・野村和作（後の靖）らである。そして、久坂が、一二月五日に松陰の妹文と結婚して杉家に寄寓した。松陰は、また有力な補佐役を得ることができた。

安政四年には、松下村塾の中核的メンバーとして後に名の知られる人々が多く来塾し、松下村塾は最盛期を迎えつつあった。そこで、また、塾舎の増築が必要になった。塾には、富永・冷泉・岸田が寄宿しており、やがて増野が加わり、清太郎も宿泊は自宅であるが常駐している。松陰を加えて恒常的に六人がいて、通学者がほぼ平均四、五人いるから、八畳では狭すぎるのである。

塾舎の増築

塾舎の増築は、翌安政五（一八五八）年二月から始まった。七畳半と三畳二部屋と少しの土間のついた中古の売家を買い求め、工事の大体は大工がしたが、その他の土石の運搬や釘打ち壁塗りなどはみな松陰と門弟らがやった。増築は、三月一一日に終わり、塾舎は合わせて一八畳半となって大分ゆとりができた。この建物は、現在萩の松陰神社の境内に史跡と

松下村塾

して保存されている。

　松下村塾の新たな来塾者は、塾舎の増築前に中谷正亮の甥の茂十郎ら、増築作業の時期に作間忠三郎・佐々部謙斎・冷泉雅二郎の弟冷泉友・山根武次郎らであり、増築後には時山《ときやま》直八《なおはち》・富樫《とがし》文周がきた。

松下村塾の精神　立志と実行　ここで、最盛期を迎えた松下村塾の特色・性格をみておく。安政四年暮れに来塾した天野清三郎は、後年の回想で、松下村塾を選んだ理由を問われて、「当時は松陰先生の評判がよく、誰れも彼れも松下に行って居るといふやうで、云はば流行であった。又松下塾へ行けば何か仕事にありつけると思って居ったものだ」と答えている（「渡辺蒿蔵《こうぞう》問答録」）。松下村塾に通うのが「流行」であったのは、松陰が英雄視されていたからであろう。だが、英雄視される彼の行動は、また犯罪者として処罰されたものでもあるから、世間の大人にとっては、松陰は危険人物である。実際、別の回想で、天野は、松陰に学ぼうとする若者たちに、大人たちが「読書の稽古」のために行くならよいが、「政事」のことを議論してはならないと忠告したと語っている（「渡辺蒿蔵談話第一」）。

これは全く的外れの忠告であった。松陰は、初めて教えを受けに来たものに「必ず先づ何の為めに学問するか」と質問して、相手が読書の稽古をしたいなどと答えると、「人は実行が第一である」、読書をして「学者」になってはいけない（同上）、また「学者になるのはつまらない」「学問するには立志と云ふことが大切である」と述べたという（「渡辺蒿蔵談話第二」）。松陰は、実に熱心に書物を読んだ人である。その彼が、学問は「立志」と「実行」が肝要であると述べて、書物を読んで学者になることを明確に否定している。彼にとって尊王攘夷の志を立ててそれを実行すること、したがって周囲の大人たちが心配した政事が、学問の第一の目的であった。国家的危機と社会的不安に満ちた当時の状況で、読書によって学者になるのは「つまらない」と否定して、何よりも実行を主張する松陰の学問と教育は、多くの青少年の志気を鼓吹するに足るものであったろう。そして、彼の否定した「つまらない」学問が、大人の安心するものであった。

ここでは、学問における立志と実行の尊重が松下村塾の基本精神であり、松陰の生き方の根本をなしていることを確認しておく。

時間割・クラス・カリキュラムなし　松陰が、「つまらない」とする学者のイメージは、山県太華《やまがたたいか》にあったとみてよかろう。現状維持的な太華の学問、つまりは藩校明倫館の教育が大人の安心できる学問・教育であった。松陰の塾の特色は、明倫館と対比するといっそう明らかとなる。明倫館では、一定の授業時間割とクラス分けのもとに、組織的体系的な教育がなされていた。松下村塾には、時間割もクラス分けもなく、非組織的非体系的な教育である。松陰は、嘉永元（一八四八）年に上書した「明倫館御再興に付き気付書」で、試験とそれに応じた賞罰、さらに稽古日の設定を提案したが、自らの塾ではこうした制度をとっていない。

やや後になるが、安政五（一八五八）年六月二三日の「諸生に示す」で、松陰は、松下村塾は「礼法」を簡略化し「規則」を排除するが、その理由は当世の「虚偽刻薄《こくはく》」を「誠朴忠実」をもって矯正しようとするからであると述べている。人の人としてのあり方を誠実にみる松陰の基本的な姿勢が示されている。

もっとも、松下村塾に規則が全くないわけではなく、安政四年に作ったと思われる「松下村塾規則」がある。これは、「両親の命に背いてはいけない」とか「毎朝欠かさず先祖・御城・天朝への礼拝をする」といった内容であり、松陰からみた人としての基本的な生活態度を示したものである。

松下村塾には、人としての基本的な生き方を教育の基本とし、クラスもカリキュラムも時間割もなく、塾生は勝手な時にきて松陰と一緒に本を読んで帰るのである。相手に応じて読書する方式であるから、テキストも相手に応じて異なる。選ばれるテキストが、兵学書・経書・歴史書・地理書、そして「新論」「経済要録」など時局や社会改革にかかわるもので、松陰自身の読書傾向を反映するのは当然である。

要するに、松下村塾の教育は、塾生と松陰自身の都合によって自在に変化した。それは、村塾が幽囚中の松陰を中心とするもので、公的な社会から隔絶された場であり、松陰自身の行動は不自由であったが、学問教育について何の規制もなかったことによる。時間も自由になったし、外から与えられた目的もなかった。

身分の制限なし　明倫館と異なるもう一つの重要な点は、身分的制限がないことである。明倫館は、上級・中級武士にだけ入学資格があったが、松下村塾は、足軽や中間、僧侶、町人へも開かれていた。松陰は、身分にこだわることはなかった。彼は、塾生に対して言語丁寧で、年長なものには「あなた」といい、年少のものには「おまえ」といった。彼は、年齢の上下を顧慮するが、それ以上に師弟関係を立てようしないのである。これは、あらゆる人間を倫理的に等質なものと捉える松陰の人間観を示している。

「討賊始末」　松陰は、したがって、身分的秩序を相対化する方向をとる。その具体的な例が、長門国大津郡向津具上《むかつくかみ》村川尻の山王《さんのう》社宮番幸吉の妻登波の一件から知れる。松下村塾と直接の関係はないが、彼の教育の基盤をなす人間観をうかがう上で、松陰の登波への態度をみることとする。

登波は、自分の父と妹と弟の三人を殺害し、夫幸吉に重傷を負わせて逃亡した、妹の夫を敵《かたき》として諸国を探索すること足かけ一二年、所在をつかんで藩政府に敵討《かたきうち》の許可を求めたが、許可を得られなかった。藩政府の役人がその敵を探し当てて捕縛しようとしたところ自殺してしまい、登波が斬罪に処せられたその死骸のさらし首に短刀で立ち向かったのは、事件発生後丸二〇年経ったときである。

それから一五年経過した安政三（一八五六）年一〇月、藩政府は、登波を「孝婦」として顕彰した。翌四年、先大津代官周布政之助《すふまさのすけ》は、登波を「宮番」から「平民」に列するよう藩政府へ申請するとともに、彼女を顕彰する碑文の起草を松陰に依頼した。宮番は被差別者であった。松陰は、彼女の事跡を調べて「討賊始末」を安政四年六、七月頃に著し、碑文の稿を七月一五日に作った。周布の申請はただちには通らず、彼は他の職に移ったので建碑も実現しなかった。翌年、登波は宮番の称を除かれ、「平民一統」の戸籍に加えられた。

安政四年九月、登波が夫幸吉の墓を尋ねる旅の途次、萩に寄ったとき、松陰は、杉家に止宿させている。被差別者の彼女を自宅に宿泊させることははなはだ異例である。これは、松陰が、身分的秩序そのものを否定するものではないにせよ、身分的秩序を相対化する態度をもっていることを示すものである。

身分的秩序を相対化する論理

松陰における身分的秩序の相対化の論理が重要である。彼が、被差別者である登波の身分にこだわることなく賞賛するのは、彼女が敵討をしようとしたからである。彼は、敵討という武士の理想的な行動を登波に見て共感し、その倫理的卓越性の故に身分的秩序を相対化する。彼は、武士的徳操を倫理的卓越性とし、しかも、それをあらゆる人間に実現可能なこととして、それを実現しようとする限りで身分性を相対化する。松陰は、あらゆる人間が武士的徳操の実現可能性をもつ点で、倫理的等質性を認めるのである。

松下村塾の影響力

松下村塾は、人間の倫理的等質性の認識に立ち、制度・規則に規制されず、人の人たる所以《ゆえん》を皇国の担い手としての自覚にあるとして、皇国の尊厳と独自性を担うことを志して、自由に学問に励む場であった。しかも、主宰者の松陰は、学殖・識見・胆力をそなえ、人格として温厚であり、英雄の声望があった。これが、青年に感化を与えないはずがない。彼の尊王攘夷開国の思想は、長州藩の人心の動向に確実に影響を及ぼしていった。高杉晋作が、親に反対されたため夜ひそかに松下村塾に通ったのは、その象徴的な例である。松陰に対する藩政府の態度が良好なものとなれば、彼の思想を受け入れる条件は長州藩内にあった。彼は、兵学師範として多くの兵学上の門人をもっていたし、益田弾正《だんじょう》のように藩政府の要職にある弟子もいた。松下村塾は、長州藩の中でもはや無視し得ない存在と成りつつあったのである。

Ⅳ 激発

日米修好通商条約問題

ハリスの来日

ここで、松陰周辺から日本の状況に眼を転ずる。幕府は、アメリカと和親条約を結んだ以上、他の諸国とも同じく条約締結をせざるを得ず、嘉永七（一八五四）年八月から安政二年一二月（一八五六年一月）にかけて、イギリス・ロシア・オランダそれぞれとあいついで和親条約を調印した。

日本の状況に新たな変化を起こす発端は、アメリカ駐日総領事タウンゼント・ハリスの来航である。ハリスは、安政三（一八五六）年八月二一日に汽走軍艦サン・ジャシント号で下田に入港した。彼は、日本とアメリカの通商条約の締結交渉のために江戸に行くことを求めたが、幕府は何とかそれを避けようとした。ハリスは、江戸入りの許可を待ちながら、和親条約の改訂によるアメリカの権益の拡大をはかり、安政四（一八五七）年五月二六日に下田奉行井上清直・中村時万《ときかず》との間で下田協約を結んだ。この協約は、長崎の開港・アメリカ人の下田と箱館への居住権・領事裁判権（治外法権）・日米の貨幣交換は同種類を同量で行うこと（六パーセントの改鋳費を支払う）などが主な内容である。この条約は治外法権などの明確な不平等性を含むものであり、この後に西洋諸国との間に結ばれる一連の通商条約の不平等性の新たな発端をなした。

安政四（一八五七）年七月二〇日、アメリカ軍艦ポーツマス号が来航し、ハリスがこれに乗って江戸へ行く気配を見せたので、幕府はやむなくハリスの江戸入りと将軍への面会を許可し、八月五日にその旨を伝えた。このとき、幕府は、ハリスの受け入れ準備のために約二か月を要すると伝えている。

ハリス、将軍に謁見
堀田正睦への提案

ハリス

ハリスを迎える幕府の態勢は、老中首座堀田正睦《まさよし》が幕閣の中心にあって（老中阿部正弘は六月一七日死去）外交を担当し、川路《かわじ》聖謨《としあきら》・水野忠徳《ただのり》・岩瀬忠震《ただなり》らが海防掛としてこれを支えていた。ハリスは、一〇月二一日に江戸城で将軍徳川家定《いえさだ》に面会してアメリカ大統領ピアスの親書を上呈した。二六日に、彼は堀田邸を訪問して、蒸気船の発明が日本の鎖国を不可能にしたこと、自由な貿易が日本の発展にも有利であること、アヘン戦争の例をあげてイギリスなどの脅威を指摘して、平和的なアメリカとの通商条約を最初に締結することの有利を陳述した。

幕府は、大統領親書とハリスの陳述書の写しを御三家以下諸大名に示して意見を求めたが、幕府の対応はとにかく緩慢であった。

日米修好通商条約締結　ハリスは、武力による威嚇を示唆して恫喝《どうかつ》し、幕府を条約交渉の場に引き出した。日米修好通商条約締結の交渉は、日本側全権委員井上清直・岩瀬忠震とアメリカ側全権委員ハリスとの間で一二月四日から始まり、翌安政五（一八五八）年一月一二日の第一四回の談判ですべての協議を終えた。日米修好通商条約は一四条と貿易章呈七則からなる。主な内容は、公使の江戸駐在、自由貿易、下田・箱館・神奈川・長崎・新潟・兵庫の開港、居住と貿易のため江戸・大坂の開放、領事裁判権、協定関税制（関税自主権の放棄）、片務的最恵国条款《じょうかん》、アヘン禁輸条項である。

交渉の中で、日本側の国際法の知識の欠如があらわとなった。例えば、下田協約で含まれていた貨幣交換における六パーセントの改鋳費支払いの規定を、日本側はわざわざ放棄した。日本側は、外国人との接触を可能な限り避けたかっただけであるが、国際関係の利害を顧慮していなかった。こうした無知の結果が、条約の不平等性を典型的に示す領事裁判権・協定関税制・片務的な最恵国条款である。日本側の成果は、絶対譲れない条件としていた、国内の自由旅行の不許可と京都開放の拒否だけである。

調印勅許の必要

さて、条約協議が終わると調印であるが、堀田は、条約調印の勅許《ちょっきょ》を得るために調印を二か月延期する了解をハリスに求めた。それには、こういう事情がある。幕府は、ハリスの堀田への陳述書を提示して諸大名の意見を聴取したところ、大勢は通商条約の締結をやむを得ないとしたが、条約調印には勅許が必要であるという意見が出てきた。調印に天皇の許可を得る必要があるとする考え方は、外交案件を幕府の専決事項とする従来の原則からは逸脱する。それは、幕府の威信の低下を示すものであるが、幕府としては、望んでいない条約調印を勅許という権威を利用して正当化できる利点があった。幕府は、調印勅許を求めることとし、ハリスの了解を得て、調印の期日を安政五年三月五日に延期した。

徳川斉昭の動向
将軍継嗣問題

この間にあって重要なことは、水戸の前藩主徳川斉昭《なりあき》の動向と、彼の子一橋慶喜《ひとつばしよしのぶ》を一三代将軍徳川家定の継嗣《けいし》としようとする運動があったことである。斉昭は、安政四年一一月、幕府がハリスへの対応について諸大名に意見具申を求めたのに対して、国内での貿易を許すべきではなく、自らアメリカに行って「出貿易」をしたいとか、大坂で大艦・大砲を製造して皇居の警衛にあたりたいなどと回答した。これは、幕府の斉昭に対する警戒心を強めた。とくに、病弱な将軍家定の後継者として斉昭の子慶喜を擁立しようという動きが諸大名の中にあったことが、水戸藩や斉昭に対する幕府の警戒心をいっそう強めることになった。それは、国事を憂えて攘夷を唱える松陰などの志士たちの期待が、斉昭と慶喜に集まることでもある。水戸は尊王攘夷の思想的中心地であり、斉昭はその象徴的存在であったからである。安政五（一八五八）年の政局は、通商条約の締結をめぐる朝廷と幕府の関係、そして将軍継嗣問題をめぐる幕府と水戸・斉昭との関係を焦点として推移して行く。

調印勅許得られず

堀田は、通商条約締結の不可避を朝廷に説くため、安政五年一月に京都に上った。幕府は、調印勅許を形式的手続きに過ぎず、少々抵抗があっても許可を得られると考えていたが、結果はそうならなかった。朝廷の意見を方向付けたのは、孝明天皇の意思であった。天皇の意思は攘夷にあり、通商・開港に反対で、畿内近国では絶対不可であるとし、堀田の申し出を拒否した。また、斉昭や梅田雲浜《うんぴん》・梁川星巌《やながわせいがん》ら尊王攘夷論者による公家たちへの工作も、朝廷に幕府の調印許可をすんなり認めさせない状況を作り出していた。幕府を支持して開国を主張したのは、前関白鷹司《たかつかさ》政通《まさみち》だけである。

安政五年二月二三日、朝廷は、徳川三家以下諸大名の一致した意見をもって改めて勅許を求めよという意向を堀田に伝えた。これでは、朝廷の権威を利用して国論の支持を得ようとする幕府の思惑から外れる。堀田は、巻き返しに出て、関白九条尚忠《ひさただ》を幕府支持に転向させることに成功し、九条の協力を得て、調印勅許ではないが、外交を幕府へ委任する勅答を得られる運びになった。

九条の独断専行に怒った、中山忠能《ただやす》・三条西実愛《さねなる》・大原重徳《しげとみ》・岩倉具視《ともみ》ら八八人の公家は、三月一二日、列参して幕府への委任に反対する意見書を朝廷に提出した。公家たちの結束した反対と、調印支持だった鷹司が豹変《ひょうへん》して反対に回ったため、三月二〇日、堀田に対して三家以下諸大名の意見を徴して改めて勅裁を求めよとする、事実上の調印不許可の勅答が与えられた。勅許によって条約調印を行い、幕府の主導権を確立しようとする目論見は全く失敗に終わった。

そして、幕府は、この勅許奏請の失敗の原因を、斉昭の策動によると信じていた。斉昭は、ハリスの要求をにわかに拒絶するのは得策でなく、現在の急務は国防力の増強であり、とくに重要なのは幕府と朝廷とが一体となって国難に対処することであり、幕府と朝廷の間に疎隔が生ずることを懸念していた。だが、幕府は、そのようにはみなかったのである。

一橋慶喜への期待
根強い慶福支持

政局のもう一つの焦点をなすのが将軍継嗣問題である。これについても、斉昭はかかわりが深い。将軍家定は、暗愚な資質で行動も異常であり、病弱で子がなく、将来も子のできる見込みがなかったから、自然と継嗣問題が議せられていた。

将軍継嗣の候補者は、徳川御三家御三卿の中に、ただ紀州和歌山藩主徳川慶福《よしとみ》と一橋家当主一橋《ひとつばし》慶喜《よしのぶ》があるだけであった。安政五（一八五八）年の時点で、家定の従弟にあたる慶福は一三歳、英明の誉れ高い慶喜は二二歳、血縁からいえば慶福に分があるが、時局困難な折の指導者としての資格からいえば慶喜である。早くから慶喜を推したのは越前藩主松平慶永《よしなが》（春嶽《しゅんがく》と号する）であり、老中阿部正弘（安政四年六月病没）、薩摩藩主島津斉彬《なりあきら》・宇和島藩主伊達《だて》宗城《むねなり》・土佐藩主山内豊信《とよしげ》（容堂と号する）らの有力大名、幕府の外交を担当している川路・岩瀬らが、慶喜を支持した。一橋派の不利は、幕府中枢と大奥に斉昭と水戸への根強い警戒心と反感があることであった。

慶福継嗣のために運動したのは紀州藩付家老《つけがろう》で新宮領主水野忠央《ただなか》で、彼の政治的手腕は抜群であった。幕府中枢や譜代大名の多く、大奥の支持も慶福にあり、慶福を支持する南紀派の勢力は根強かった。

将軍継嗣問題を朝廷で議する

この継嗣問題は朝廷の議するところとなった。実は、堀田の上京の任務は、調印勅許とともに将軍継嗣問題について朝廷の意向をたずねることであった。

島津斉彬は、安政五年正月、左大臣近衛《このえ》忠熙《ただひろ》・内大臣三条実万《さねつむ》に書簡を送り、将軍継嗣を慶喜とする内勅が幕府に下されるように配慮して欲しいと伝えた。慶喜擁立の一橋派の立場で、京都で活動したのは、松平慶永の腹心の橋本左内、斉彬の腹心西郷吉兵衛（後の隆盛《たかもり》）、水戸藩士鵜飼《うがい》吉左衛門・幸吉父子らである。

慶福擁立の南紀派の立場で工作したのは、彦根藩主井伊《いい》直弼《なおすけ》の腹心長野主膳《しゅぜん》である。彼は、血統尊重論を説いて一橋派の年長賢明論を排し、継嗣決定は将軍の意向によるべきであるのに外様大名が内勅降下を求めることは理解しがたいとし、朝廷が内勅を下せば、朝廷と幕府の間に疎隔を生じて国家の大乱を招来する危険があると主張した。長野の工作により、九条尚忠は条約調印・南紀派支持へと意見を変えてしまった。

一橋派は、橋本・西郷らが、鷹司《たかつかさ》家の侍講《じこう》三国大学・諸大夫《しょだいぶ》小林良典《よしすけ》を通じて工作し、調印勅許賛成の鷹司政通とその子右大臣輔煕《すけひろ》を、調印勅許反対の側に引き込み、一橋派とすることに成功した。一橋派は、鷹司父子・近衛忠煕・三条実万らを通じて、「年長・英明・人望」を継嗣選定の三条件とする内勅を降下するという形で一橋慶喜を継嗣とする道を求めた。

継嗣問題は振り出しへ

これは、ほとんど成功しかかったが、結局は挫折した。両派の工作があって紆余曲折を経たものの、三月二二日に、堀田に渡された内勅は「急務多端の時節であるから、将軍の養子を立てるのが政務の助けになってよろしかろう」という趣旨のものである。話は振り出しに戻った。堀田は、内勅を秘めて漏らさず、一橋派に接近する様子があったので、一橋派は、慶喜継嗣に大いに希望をもった。その上、松平慶永の大老就任を求める動きもあり、一橋派が優勢の気配であった。

井伊直弼大老となる

堀田は、四月二〇日に江戸に帰り、翌日、将軍家定に謁して松平慶永《よしなが》の大老就任を進言したが、家定はこれに反して井伊直弼の大老就任を命じた。井伊の大老擁立を画策したのは老中松平忠固《ただかた》であった。井伊の大老就任は、四月二三日、堀田の帰還からわずか三日後である。

井伊は、大老に就任すると三家以下諸侯に、堀田のもたらした条約調印にかかわる勅旨を示して、外交に関する意見書の提出を求めた。一方、堀田は、条約調印の延期をはかる必要があった。ハリスは、約束通り三月五日に調印する予定で江戸にきており、条約締結の実権が江戸政府にないのなら、京都に赴いて朝廷から許可を得ると恫喝した。五月二日、幕府の六か月延期は通らず、調印の期日は七月二七日と決まった。

将軍継嗣問題については、五月一日に、慶福《よしとみ》を継嗣とすることが将軍家定より大老・老中に申し渡された。井伊は、すぐこれを公表せず、慶永らの懐柔につとめる一方、五月六日に大目付土岐頼旨《ときよりむね》、勘定奉行川路聖謨ら一橋派の幕府中堅官僚を左遷し、継嗣公表の地ならしをした。そして、五月末までに諸大名の外交意見書がほぼ出そろったところで、慶福継嗣の公表の準備に入り、まず、六月一日に三家以下有力譜代大名を召集して将軍継嗣を血統の内から立てるべきことを告げ、正式の発表は六月一八日とすることに決めた。

英仏艦隊来訪のニュース　ここで新たな状況が生じた。六月一三日から一六日にかけて、アメリカ・ロシアの軍艦があいついで下田に入港して、第二次アヘン戦争で、イギリス・フランス連合軍が中国を屈服させ、その余勢を駆って大挙して日本に迫って来るというニュースをもたらした。しかし、これは、あり得ないことであり、ハリスも疑問を抱いたが、事実であれば日本との通商条約を第一番に締結する功績と特権を失いかねない。彼は、堀田に英仏大艦隊来航の急報を告げるとともに、自らポーハタン号で小柴沖まできて、一八日夜に井上・岩瀬と会見し、イギリス・フランスに強制的に通商条約を結ばせられるよりは、急いでアメリカとの条約を調印することの有利を説いた。

無勅許調印

井上・岩瀬の報告に対して、井伊は、勅許を得て調印することを主張し、可能な限り調印を延期するように指示したが、やむを得ない場合は調印してもよいとの言質を与えた。安政五年六月一九日（一九五八年七月二九日）午後、井上・岩瀬は、ポーハタン号船上で日米修好通商条約に調印した。

井伊は、六月二二日に諸大名を召集して条約調印の経過を説明し、その翌日、老中堀田正睦《まさよし》・松平忠固を罷免して、間部《まなべ》詮勝《あきかつ》らを老中に任命した。無勅許調印の責任を堀田ら二人に転嫁しようとしたのである。これで、井伊の独裁体制が確立する。

井伊直弼

慶福世子の発表 三家以下の処罰

通商条約調印は勅旨に違反する違勅調印であるとして、井伊や幕府に対する格好の非難の材料を与えた。徳川斉昭《なりあき》・尾張藩主徳川慶《よし》恕《くみ》・水戸藩主徳川慶篤《よしあつ》・一橋慶喜《よしのぶ》・田安家当主田《た》安《やす》康頼《やすより》・松平慶永《よしなが》らは、幕府の措置を厳しく批判した。六月二四日にはいわゆる押しかけ登城が起こった。定例の登城日ではないのに、斉昭・慶恕・慶篤がそろって登城して井伊を面詰し、慶永は、別途、井伊を詰問して慶喜を将軍世子に推薦した。慶喜は定例の登城日であったので井伊に面会して違勅を批判した。

幕府は、六月二五日に諸大名に慶福を将軍世子とすることを正式に発表した。ついで、七月五日に斉昭をはじめ三家以下の処罰を発令した。慶恕は隠居謹慎、斉昭は謹慎、慶篤・慶喜は登城停止、慶永は隠居謹慎を命ぜられた。将軍徳川家定は、七月六日に病没した。一橋派はここに全面的に敗北したが、その流れをくむ尊王攘夷派は、無勅許調印、いわゆる違勅調印について、井伊ら幕府当局を攻撃した。井伊は、さらにこれを弾圧して、いわゆる安政の大獄が始まり、松陰もこの大獄の渦に巻き込まれるのである。次には、こうした状況のもとでの松陰と松下村塾の動向に、改めて立ち返ることとしよう。

献策

「狂夫の言」

ハリスの来航に始まる日本の激変の情報は、松陰の元へ次々に届いた。彼は、野山獄入獄時には悲しむべき太平が一〇年つづくと考え、しばらく出番のくるまでは読書と教化に励むつもりであったが、とても悠長に構えてはいられない。彼は、安政五（一八五八）年正月六日、「狂夫の言」を書いた。内容は、人心一致・言論の疎通・人材の登用・学問奨励による人材の育成といった、長州藩改革への提言を主題としている。その内容は、「将及私言」などと同様、藩組織の機能的再編である。注目すべきは内容そのものよりは、日本がすでに亡国に瀕《ひん》しているとする危機意識の深刻さである。彼は、痛切な危機意識の故に改革の提言をするが、人々には危機意識がないので、世人は彼を「暴」「狂」視するという。

松陰は、世人の狂暴視に抗して、世人の思惑を逸脱する自らをあえて「狂夫」と名乗り、その提言を「狂夫の言」と題する。彼は、先に長崎のプチャーチンを目指したとき、英雄と狂夫が表裏するとした。いま、彼の国家的危機意識の深まりは、改めて狂夫としての自覚、つまり「猛士」としての英雄意識を促し、再び上書に踏み切らせる。この上書は、直接には長州藩改革の提示であるが、究極のねらいは存亡の危機を契機として逆に「禍を転じて利と為し、以《もっ》て大業丕績《たいぎょうひせき》を建つべきなり」(「狂夫の言」)と、光輝ある日本の建設にある。

松陰の画策。周布政之助らとの和解

松陰は、座視し得なくなったのである。彼は、日米修好通商条約が日本をアメリカの植民地とするものだとして絶対反対である。幕府は日本がアメリカの属国になることに甘んずる気配であるが、松陰は、「六十四国は墨《アメリカ》になり候《そうろう》とも二国にて守返《もりかえ》し候様仕らでは日頃の慷慨も水の泡と存じ候」(安政五年正月一〇日付、月性《げっしょう》宛)と、日本国全体がアメリカの属国となっても、防長二国だけでも独立して盛り返そうと説く。この意見を中谷正亮を通して藩政府の直目《じきめ》付《つけ》清水図書へ、中村道太郎・土屋蕭海を通じて当職益田弾正・用所役周布政之助ら藩要路に伝えた。松陰は松下村塾を拠点に尊王攘夷の政治工作を始めたのである。ところが、清水は同意してくれたが、中村・土屋は逆に周布らの時勢観望論に説得されて、松陰を「胸中閑日月なし」(正月一九日付、月性宛)と非難する有様である。来原もアメリカによる開国をよしとする気配がある。松陰は、友人たちの離反に気落ちしたが、それで屈することはなかった。

だが、このことで松下村塾生と周布らの明倫館派とに確執が生じてしまった。これは、松陰の望むところではなく、両派の調停を月性に依頼した。月性は、二月中旬に萩に来て、中谷正亮・高杉晋作・尾寺新之丞・富永有隣ら松下村塾の人々、そして松陰と面談した。松陰は、月性に対して、周布と松下村塾生とが親しく意見交換ができるよう周旋してくれるように依頼している。月性の尽力により、両派の和解は二月末までに決着した。月性は、三月一日に萩を去るが、五月一一日に病気のため急逝した。なお、明倫館派と松下村塾の連携は、一〇月まで継続する。

須佐育英館との交流

松下村塾は、須佐の育英館とも交流している。須佐は、松陰の兵学門下で彼の庇護者であった永代家老益田弾正《だんじょう》の所領で、育英館はその郷校である。育英館学頭の小国《おぐに》剛蔵は、月性・土屋と親しく、松陰とも前から書簡の往復があった。三月初め育英館生二名が松下村塾にきてから四月末まで松下村塾生と育英館生の往復が二、三度なされている。

周布政之助

この交流のねらいは、松下村塾と提携する相手を求め、その思想的政治的影響力を拡大することにあった。その具体的な成果は、大谷茂樹・荻野時行《じこう》（後の佐々木貞介）が松陰の心酔者となったことである。

情報収集と宣伝

松陰は、この間、松下村塾の同志たちを通じて、江戸や京都などの情報を収集して、情勢を把握していた。安政五年前半の時点で、前年以来吉田栄太郎は江戸におり、三月には松浦松洞が江戸に行っている。久坂は二月下旬に江戸に向かい、途中、京都で情報収集して、四月七日に江戸に着いた。京都には、浦靱負《うらゆきえ》家臣秋良《あきら》敦之助《あつのすけ》もいた。彼らは、それぞれに情報を松陰にもたらした。六、七月になると、松陰門下が京都にさらに集まる。

さて、三月二〇日に堀田が朝廷から条約調印不許可の勅答を与えられたことを松陰が知ったのは、四月一一日、久坂と秋良よりの書簡によってである。松陰は「天朝の盛事」に感激して「村塾策問一道」(安政五年四月一二日付、品川弥二郎宛)を作った。これは、この勅諚を受けて幕府より長州藩主に意見具申を求められたとき、臣下としてどう答えるかという設問で、朝廷の条約拒否の情報を伝達して塾生の覚悟を促したのである。松下村塾には印刷の設備があり、塾生はこれを印刷して諸方に配布して周知をはかった。

皇国日本の雄略

松陰は、条約調印不許可の勅諚を踏まえて、四月中旬に「対策一道」という重要な文章を書いている。ここで、彼は、現下に横行する攘夷論も鎖国論も、ともに皇国日本の運命を託するには不十分とする。彼は、日本の国家的尊厳を守るために強制的な開国要求を拒絶する点で攘夷を主張し、かつ、航海通商を積極的に肯定して開国を主張するのである。彼は、あるべき日本の像を光輝ある雄略にみる。

凡そ皇国の士民たる者、公武《こうぶ》に拘らず、貴賤を問はず、推薦抜擢《ばってき》して軍帥《ぐんすい》舶司と為し、大艦を打造して船軍を習練し、東北にしては蝦夷《えぞ》・唐太《からふと》、西南にしては流虬《りゅうきゅう》・対馬《つしま》、憧々《とうとう》往来して虚日あることなく、通漕捕鯨《つうそう》以《もっ》て操舟を習ひ海勢を暁《さと》り、然《しか》る後往いて朝鮮・満洲及び清国を問ひ、然る後広東・咬𠺕吧《カルバ》・喜望峰・豪斯多辣理《オウストラリ》、皆館を設け将士を置き、以て四方の事を探聴し、且つ互市《ごし》の利を征《と》る。此の事三年を過ぎずして略《ほ》ぼ弁ぜん。然る後往いて加里蒲爾尼亜《カリホルニア》を問ひ、以て前年の使に酬《むく》い、以て和親の約を締《むす》ぶ。果して能《よ》く是《か》くの如くならば、国威奮興、材俊振起、決して国体を失ふに至らず（「対策一道」「戊午幽室文稿」）。

松陰は、国力を充実して海外との交易を行うことで日本の海外雄飛を実現することを説く。この海外雄飛が軍事力を背景とするにしても、先に「幽囚録」でみたような露骨な軍事力による対外侵略ではなく、平和的な航海通商による海外への飛躍である。松陰における皇国の海外雄飛の方法に転換が生じている。松陰は、これによってアメリカの軍事力による威圧的な開国要求を批判し得る立場に至ったということができる。

この航海通商論に裏打ちされた攘夷開国論と藩組織の機能的再編論が松陰の提言の基本である。「狂夫の言」、「対策一道」につづいて、五月上旬頃に「愚論」、五月二八日に「続愚論」といった上書を書くが、いずれも、考え方の大枠は共通している。いま、松陰は、皇国日本の衰亡の危機を深く認識したことから、攘夷決戦・現状打開のため対外的積極策を展開してゆくのである。

藩政の三大綱

江戸にいた長州藩主慶親《よしちか》は、井伊大老の意見書提出の要請に対して、五月三日に「叡慮《えいりよ》の遵奉《じゅんぽう》」をして「人気の一和」をはかりつつ対外政策の良策を求めるべきだという意見書を幕府に提出して、一二日に帰国の途についた。一方、勅諚の趣旨と幕府から諸大名の意見具申の要請のあったことが公式に萩へ伝えられたのは、五月一二日である。益田弾正は周布らと協議して国元の意見をとりまとめ、周布が、これを帰国途上にあった慶親に尾張まで出向いて伝達した。その要点は、叡慮にしたがってアメリカの要求を拒絶し、幕府も勅意を奉ずるのがよいと建白すれば、攘夷の叡慮の遵奉は「天朝への忠節」であり、それは幕府の態度でもあるから「幕府への信義」を守ることであり、毛利家歴代の勤王《きんのう》の志を守るが故に「孝道」にかなうというものである。天朝への忠節・幕府への信義・祖宗への孝道は、この後の長州藩の藩政の三大綱となる。

この意見書の内容は、松陰の「対策一道」「愚論」の見解と基本的に一致しており、周布と松陰のラインが藩論を方向付けたことをうかがわせる。松陰は、東行する周布に餞別の詩を送った。

松陰の意見書が藩主及び天皇の閲覧を得る

周布は尾張で意見書を慶親に渡すとただちに踵《きびす》を返して、六月九日に萩へ戻り、藩主も一五日に帰着した。慶親は、帰着後まもなく匿名の「狂夫の言」「対策一道」「愚論」を読んで松陰のものと悟り、「寅次郎幽囚、更に屈抑を加ふれば、或は発して狂とならん。若かず之れを導き之れを誘ひ、其の気を鼓し其の心を慰め、其れをして其の言はんと欲する所を悉《つく》さしめんには。言当を失することあるも、採択は己に在り、いづくんぞ傷《いた》まん」（六月一八日付「益田弾正君に上《たてまつ》る書」・「戊午幽室文稿」）と述べたという。松陰は、これを伝え聞いて、感涙にむせんだ。また、松陰は、五月と六月に「対策一道」「愚論」「続愚論」を梁川星巌に送って孝明天皇の閲覧に供することを依頼したが、それも実現したので大いに感激している（一一月六日「家大人・玉叔父・家大兄に上る書」「戊午幽室文稿」）。

藩政府の人事異動

家学教授の公認

藩主の帰国に伴って、六月二六日以後、藩政府の役人の任免が行われた。長州藩の政治機構として、藩主の参勤交代の移動と共に江戸と本国で藩政の執行にあずかる行相府《こうしょう》、国元で政務にあずかる国相府《こくしょう》があり、前者の筆頭を行相（当役とも）、後者の筆頭を国相（当職とも）といった。この配置転換で、これまで益田弾正が当職で浦靱負が当役であったのが互いに入れ替わったほか、内藤万里助《まりすけ》、宍戸《ししど》九郎兵衛、周布《すふ》政之助《まさのすけ》、前田孫右衛門、井上与四郎ら、松陰と近い改革派が要路を占めた。松陰の提言が藩政府に浸透しやすい状況である。

しかも、七月二〇日に、妻木弥次郎ら山鹿流兵学門人から出された松陰の家学教授申請が、藩政府より許可された。これは、松陰が兵学師範として門人に直接教授することを公認するものである。これは、謹慎中の松陰を事実上免罪し、松下村塾の存在を社会的に認知したことである。この時期の松下村塾は、藩との関係も良好で、まさに全盛期である。七月頃までに新たに松下村塾にきたものは、木梨《きなし》平之進・福原又四郎・伊藤伝之輔《でんのすけ》・岡仙吉・杉山松介・正木退蔵・生田《いくた》良佐《りょうすけ》・入江杉蔵・飯田正伯《しょうはく》らで、彼らの多くは、松陰の影響で国事に奔走することになる。

討幕理論

孝明天皇の憤激

このころは松陰得意の時であるが、日本の状況は彼の志向とは逆の方へ向かっていた。六月一九日には日米修好通商条約調印が無勅許のまま行われ、二五日には将軍継嗣に徳川慶福《よしとみ》決定の発表があった。これに先立って一橋派の幕府中堅官僚の左遷があり、七月五日には徳川斉昭《なりあき》・徳川慶恕《よしくみ》・徳川慶篤《よしあつ》・一橋慶喜《よしのぶ》・松平慶永《よしなが》への処罰の発令があったことは、先に述べたとおりである。

勅許なしに条約調印をしたという幕府からの報告が六月二七日に朝廷に届くと孝明天皇は憤激して調印の不許可と譲位の意思を示した。そこで、六月二八日の朝議は三家大老の内から京都へ召命することに決し、その勅諚《ちょくじょう》は七月六日に江戸に届いた。幕府は、老中間部詮勝《まなべあきかつ》を上京させることとした。幕府は、召命到着前に調印釈明のため間部の上京を発表していたから、既定方針通りで、実質的には召命拒絶である。間部が実際に京都に到着するのは九月中旬である。この間、幕府は、七月にアメリカに準じて諸外国との修好通商条約の調印をしたい旨奏聞し、実際、七月から九月にかけて相ついで、オランダ・ロシア・イギリス・フランスと調印した。アメリカとの調印を憤激して召命しているところに、こうした奏聞があり、その上、七月一八日に間部の派遣という幕府の実質的な召命拒絶の報告が朝廷に届いた。

孝明天皇は、大老井伊が上京して天皇を彦根に押し込めようとしているという噂への懸念をもらすとともに、間部来京に際しての朝廷の対応を協議するように指示した。天皇をはじめ朝廷の幕府不信は極まっており、ただ関白九条尚忠《ひさただ》だけが幕府支持で公家の中で孤立していた。

「戊午の密勅」

こうした中で、一橋派ないし尊王攘夷の志士たちの朝廷工作がつづけられた。日下部《くさかべ》伊三次《いそうじ》・西郷《さいごう》吉兵衛・梁川星巌《やながわせいがん》・梅田雲浜《うんぴん》や水戸藩士らは、斉昭・慶恕・慶永らの処罰の解除、井伊大老の辞任、慶喜の継嗣擁立など幕政の改革を、三条実万《さねつむ》・近衛忠熙《ただひろ》・鷹司輔熙《すけひろ》ら公家たちに進言した。こうした運動が功を奏して、八月八日付で幕府と水戸藩に同文の勅諚が下された。安政五年が戊午《ぼご》の年であるから「戊午《ぼご》の密勅《みっちょく》」という。勅諚は、勅旨に反する条約調印と尾張・水戸・越前家への処罰を難じ、大老閣老三家三卿家門外様譜代が群議評定して国内治平・公武合体をはかり、徳川家の扶助と外夷の侮《あなどり》をふせぐことを求めている。勅諚が、幕府以外の水戸藩へ直接下されることは全く異例である。

この勅諚は、水戸藩に対して「同列の方々三卿家門の衆以上隠居に至るまで、列藩一同にも」この趣旨を伝達するようにとの別紙添書とともに、八日早朝、水戸藩京都留守居鵜《う》飼《がい》吉左衛門に渡された。吉左衛門は、同日夜その子幸吉に勅諚をもって江戸に向かわせ、幸吉は、一六日深夜、小石

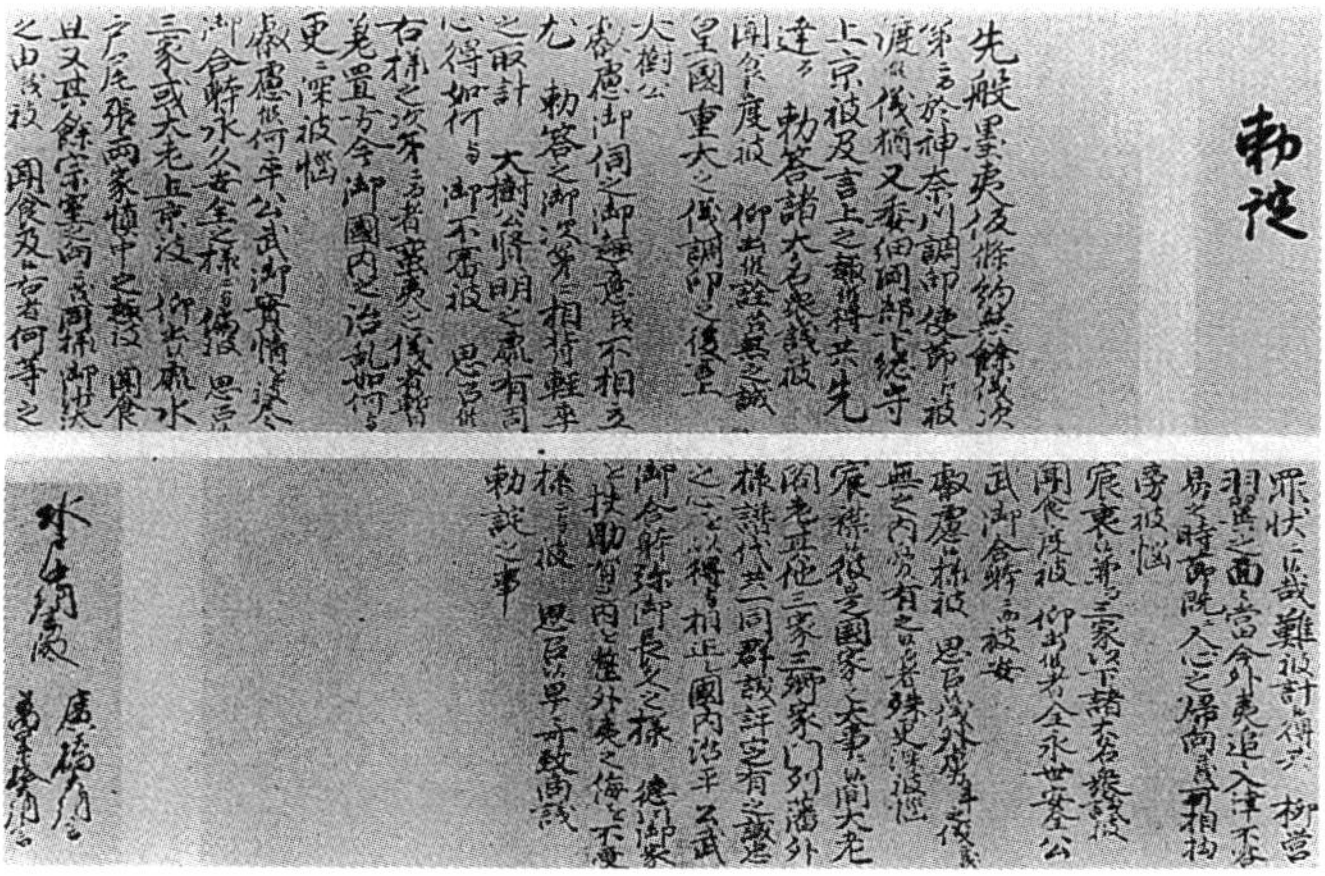
勅諚

「戊午の密勅」（『水戸藩史料』上編乾所蔵）

川水戸藩邸に到着した。幕府に対する勅諚は、一〇日になって、水戸藩に同じものが下されたとの別紙添書とともに下された。

水戸藩では、尾張・紀伊・田安・一橋家に勅諚の趣旨を伝達したが、幕府はこれを憂慮し、諸藩への伝達を見合わせるように指示した。これに対して水戸藩内は幕命を奉じるべきとする鎮派と勅命を奉ずるべきとする激派に別れ、この後に両者の深刻な抗争がつづくことになる。また、水戸藩へ勅諚を下すために尽力した公家たちは、それぞれ縁故のある大名に極秘に勅諚の趣旨を内報し、毛利家へは鷹司家から長州藩京都藩邸に内報があった。

密勅の降下は諸藩の尊王攘夷の志士たちを勢いづかせた。朝廷でも、幕府擁護の立場をとりつづけていた九条尚忠の排斥運動が起こり、九条は関白と内覧の辞職申し出をするまでに追い込まれた。九条は、九月四日に内覧を辞したが、関白交替は幕府の同意を要する事項であり、幕府は、これを阻む方針で臨んだ。

幕府の立場で京都で活動したのは、長野主膳《しゅぜん》と九条家家臣島田左近《さこん》である。彼らは、公家や志士たちの活動を悪謀として幕府へ通報した。井伊は、その情報にもとづいて幕政を批判するものを弾圧することになる。

「大義を議す」討幕理論の成立　松陰が、幕府の無勅許調印を知ったのは、七月一一日である。彼は、これを「違勅」として、一三日に「大義を議す」を藩政府にあてて書いた（「戊午幽室文稿」）。これは、実行を主張したわけではないが、討幕を明言したものとして重要である。さて、「大義を議す」の大義は、朝廷の命令を奉じ、勅に背くものを討伐することである。ところで、アメリカの条約締結の要求は「神州の大患」「神州の辱」であるから、天皇は憤激してこれを拒絶する勅を発したのに、幕府はアメリカに屈服して勅を奉じなかった。幕府の違勅の罪は、「これを大義に準じて、討滅誅戮《ちゅうりく》して、然《しか》る後可なり、少しも宥《ゆる》すべからざるなり」と松陰はいう。だが、彼は、現実の提案としては討幕を主張しない。

松陰はいう。長州藩は、幕府に二〇〇年来の恩義があるので、幕府と朝廷との間に立って調停し、幕府に勅を奉ずるように忠告すべきである。幕府が悔悟すれば朝廷も許容するだろう。朝廷の「寛洪」・幕府の「恭順」・日本国内の「協和」が得られれば、諸外国を畏服させることもできる、と。

松陰が、ただちに討幕の実行に向かわないのは、大義を実現する主体を自己一身ではなく、長州藩のような藩レベルの単位にみていることにかかわる。彼は、藩を政治行動の主体としており、士籍を離れたとはいえなお自己を藩に属するものとしている。そして、長州藩は先にみたように、幕府への信義を説く藩政の三大綱を決めていたのであるから、これを尊重せざるを得ないのである。だが、大義を勅旨の遵守にみてこれに違背する幕府を討滅に値すると明言したことは、彼において理論的に討幕論が成立していることを意味する。そして、松陰が、長州藩に討幕の実行を提言しないのは、藩政の三大綱を尊重することによるとともに、勅旨に討幕がないからである。天皇は違勅を激怒しているが、幕府が悔悟すれば罪を許すと考えるから、幕府の討滅を提言せずにいるのである。逆にいえば、勅旨があればただちに討幕に踏み込むのである。そのときの問題は、長州藩がどう動くかである。

「時義略論」比叡山臨幸策

この大義論に関連して注目に値するのが、七月一六日に書いた「時義略論」(「戊午幽室文稿」)である。この意見書で注目すべきものは、朝廷と幕府とが決裂して戦争になる可能性を想定した「大寇に処するの策」である。松陰は、戦争になると京都は地勢がよくないから、長州藩が一五〇〇人を準備して天皇を京都から隔離し、比叡山へ臨幸をもとめて警護を固めた上で、天皇が「三家・大老を召し、征夷の失策を反復懇到に説喩《せつゆ》」することを提案する。この説喩は幕府への問責ではなく、勅を奉じて攘夷につとめるように「正論」を述べるだけであるが、そうすると幕府は朝廷に反逆するであろう。その時こそ朝廷のために「四方義兵」の競って立ち上がる時であるという。

これは、「講孟余話」にみた先覚後起の思想にもとづく最初の具体的提案である。松陰は、日本は皇国であるから臣民はすべて、少なくとも潜在的には、天皇尊崇の念をもっており、天皇の危機には必ずや天皇守護の意識に目覚めると考えている。「今、征夷より命ずる所の京師《けいし》警衛の兵も、略計するに半ばは官軍に参るべし。其の他は解散して去らんのみ。行在《あんざい》御持詰め三四月の後は、天下皆応ずべし」(「時義略論」「戊午幽室文稿」)と、幕府より命じた京都警衛の兵士さえも半ばは天皇方につくのだし、三、四か月持ちこたえれば天下の人々が天皇のもとに呼応して結集すると、松陰はみるのである。

松陰は、封建割拠の枠を越えて天皇のもとに結集する臣民の存在を想定する。それは、彼にとって、日本は天皇を中心とする統一的全体として等質的な臣民から構成されていると意識されているからである。

天皇と「草莽」

松陰は、行動主体として、さしあたりは藩を想定しているが、根本のところでは天皇を尊崇するすべての皇国日本の臣民をみている。これは、士籍を離れた松陰自身の位置づけとかかわることである。彼は自己を公的職務を離れた「草莽《そうもう》」と位置づけ、その「草莽」が日本の危機を打開する担い手と考えている。

松陰の自己意識は、藩に属する武士としての面と天皇の臣民として面の二重性をもっているが、その二重性は天皇の臣民の方向にぶれつつある。むろん、藩に属する自己の意識が容易に失せるはずもない。

さて、これより前の六月二一日、長州藩は相州警衛を免じ兵庫警衛に任ずる幕命をうけた。兵庫は天皇の居所に近いから、これは重い役回りである。ところが、七月半ば過ぎに、井伊大老が上京して天皇を彦根に幽閉するという風説が松陰のところに届いた。松陰は、これに対応するため、長州藩から兵庫警衛部隊を急派すること、その他に文武修行に託して二〇人ほどを天皇の護衛のために派遣することを提言する。実際、長州藩は、七月下旬、形勢視察のために伊藤伝之輔《でんのすけ》・杉山松介・岡仙吉・伊藤利助（後の博文）・惣楽悦二郎・山県小助《やまがたこすけ》（後の有朋《ありとも》）の六人を京都へ送った。この前の四人は松下村塾生であり、山県はこの京都行きから帰った後九月初旬に松下村塾に入る。この措置は、天皇の護衛という松陰の趣旨とずれるが、彼の意向が取り入れられているといえよう。

松下村塾出撃準備

長州藩主毛利慶親は、七月二三日、兵庫警衛の任務の重大性に鑑《かんが》みて藩士に諭示を下したが、これに応じて松下村塾では、次のような項目を決定した。

一、同隊両伍は勿論、朋友知音《ちいん》志を合せ、御意《ぎょい》に相叶ひ候様《そうろうよう》、相互に気を附け合ひ申すべく候事。

一、兵具並びに軍用金腰兵糧《こしびょうろう》等の詮議の事。

一、家内無用の雑具売払ひ黄金に代ふる事。

一、飲食居所の費《ついえ》を省く事。
一、文武の諸芸出精《しゆつせい》の事。
（安政五年七月二四日「覚書」「雑纂」）

いつでも出撃できるように準備万端調えておくようにという指示である。先の提言にいう京都に向かう二〇人も塾生が任ずるつもりであったのであろう。実は、緊迫した状況の京都には、七月中旬の時点で、松陰門下の久坂玄瑞・中谷正亮《しようすけ》・赤川淡水《おうみ》・中村道太郎・吉田栄太郎・松浦松洞《しようどう》・福原清介・荻野時行《じこう》らが京都にやってきており、尊王攘夷派の公家や志士たちと交わっていたのである。

松下村塾では、七、八月ころには、しきりに練兵をやっていた。八月一日には、長州藩重臣である周防国戸田《へた》の寄組《よりぐみ》堅田《かただ》氏の家臣二六人が、銃陣を演ずる方法を学ぶために大挙来塾した。彼らの操習が刺激となって、八月一八日には、松下村塾生が大井浜で山鹿流兵学による演習を行っている。塾は、軍事集団としての性格を色濃くもってきた。

松陰は、このころ、幕府の勢威がアメリカの軍事力に支えられており、アメリカが日本から撤退すれば、幕府の強権的政策は転換するとみていた。だから、幕府の政策の変更を迫るためにも、攘夷を実行しなくてはならない。松陰にとって、攘夷は現下の最重要課題なのであった。

萩への密勅の伝達

さて、戊午《ぼご》の密勅《みつちよく》の内報は、八月二四日に萩に着いた。この内報とは別に甲《こう》谷《たに》岩熊（後の兵庫）が、八月二一日に中山忠能《ただやす》・正親町三条《おおぎまちさんじよう》実愛《さねなる》の密書を萩の藩政府にもたらした。これは、兵庫警衛に当たっている長州藩に朝廷の警護を要請したものである。松陰は、長州藩こそ朝廷を防護する枢要な役割を担うと自負していたが、京都の公家たちの方でも長州藩を頼みにしていたのである。

松陰は、八月一八日に京都から戻った岡仙吉・杉山松介より勅諚の写しを受け取った。この二人は、松陰の提言に呼応する形で京都へ上った六人のうちであったが、本来の目的の情報収集どころではなく、京都長州藩邸で幽囚同様の状態であった。京都藩邸は、自藩の過激派の動静に神経をとがらせていた。朝廷と幕府と一橋派が入り乱れる複雑な状況で、密勅の降下を受けても、長州藩は、松陰の期待通り、勅命にしたがうという明快な方向を選択できなかった。そして、藩政府と松陰の間の良好な関係には亀裂が生じてきた。

水野忠央襲撃を指示　このころの松陰は、将軍家や三家・三卿などに違勅の意思はないが、堀田正睦と紀州藩付家老《つけがろう》水野忠央《ただなか》という姦物《かんぶつ》により大老井伊直弼《なおすけ》や老中間部詮勝《まなべあきかつ》が操られているとみていた。年末に桂小五郎と会見して松陰の見方は変化するが、このころ井伊を「仁厚の長者」とみて、もっとも邪悪なのは水野とみていた。松陰は、九月九日付書簡で松浦亀太郎（松洞）に水野襲撃を指示している。この計画は、松浦が動かなかったために不発に終わったが、松陰は同じような直接行動を、この後、次々に提起する。彼は、いまは「坐視観望」の時ではなく、直接行動による状況の転換が必要であると思い定めていた。実際、状況は、松陰の立場からだけでなく、幕府の立場からみても、実力行使の段階に移っていた。

間部詮勝襲撃計画

九月に入ると、幕府による京都の志士たちの逮捕が、長野主膳の主導で始まった。九月五日に近藤茂左衛門が最初に逮捕され、ついで七日に梅田雲浜《うんぴん》が逮捕された。梁川星巌《やながわせいがん》は、九月二日に流行のコレラで急死した。間部詮勝《まなべあきかつ》の上京が遅れているうちに、彼の上京の目的も変化した。当初の目的は条約調印の釈明であったが、いまや京都の反幕府分子の弾圧が重要な目的となった。間部は、九月一七日に京都に着き、その翌日、彼の指示で、水戸藩の鵜飼《うがい》吉左衛門・幸吉父子が逮捕された。ついで、一一月末までに小林良典《よしすけ》の逮捕、池内陶所《とうしょ》の自首、三国大学、そして頼三樹三郎《らいみきさぶろう》の逮捕があった。

志士の逮捕始まる

江戸でも平行して志士の逮捕が行われた。九月一七日、飯泉喜内《いいずみきない》が逮捕され、家宅捜索で多数の書類が押収されて、反幕府的な人々の活動が露見し、多くの志士の逮捕につながった。日下部伊三次《くさかべいそうじ》は九月二七日に逮捕され、勝野豊作は逮捕を危うく逃れて失踪し、その妻、娘、そして子の森之助・保三郎が逮捕された。一〇月二三日に橋本左内も出頭を求められ、幽囚された。一方、清水寺の僧月照《げっしょう》と西郷吉兵衛は捕吏の手を逃れて薩摩に入るが、ここでも幕府の追及が厳しく、一一月一五日夜、二人は相抱いて錦江湾《きんこうわん》に入水した。月照は絶命、西郷は蘇生して再び大島に逃れて、しばらく隠忍の日を送ることとなる。

間部の無勅許調印の釈明　攘夷猶予の勅諚　間部は、入京後は病と称して参内《さんだい》せず、親幕派の関白九条尚忠の辞職問題の工作に専念した。間部入京早々の志士の逮捕は、公家たちへの威嚇の効果を挙げて、一〇月一九日に、九条の関白辞職の取り止め、内覧への復職に成功した。加えて、一〇月二四日に徳川家茂《いえもち》（慶福改め）の将軍宣下《せんげ》の勅裁を得た。同じ二四日、間部は参内して九条らに無断条約調印がやむを得なかった理由の釈明を行った。釈明の要点は、外国の武力の強大さと斉昭の陰謀ということである。この釈明に孝明天皇は納得しなかったが、間部は一二月一八日までに三度書面で釈明した。間部は、天皇が幕府に疑念を抱き条約を許容しないのは、公家・志士の中に陰謀のものがいるからで、彼らを拘束・訊問して邪正を明らかにして、天皇の理解を求めるほかはないと威嚇した。実際、一一月にはやや

橋本左内

緩んでいた志士の追及は、一二月に入ると厳しさを増し、久我《こが》家の春日《かすが》潜庵《せんあん》など公家の家臣が続々逮捕された。

孝明天皇は、最も強硬な鎖国論者であったが、幕府の公家への圧迫が増したことにより譲歩を余儀なくされた。間部は、一二月晦日《みそか》にはじめて天皇に謁した後、九条より勅書を与えられた。勅書の要点は、外国人をいずれ遠ざけ、前々の国法通り鎖国に戻すというので安心した、通商条約調印のやむを得ざる事情については「御氷解」になった、というものである。幕府は、志士たちへの大弾圧の結果、攘夷猶予の勅書を手に入れたが、条約調印の許可を得られず、問題は後に残された。

大原西下策の始まり

さて、松陰門下の久坂玄瑞・中谷正亮・荻野時行らは京都で公家らと接触をはかっていたが、過激な行動を恐れた長州藩政府は、彼らに京都からの退去を命じた。久坂・中谷は京都を去る前、九月上旬に大原重徳《しげとみ》に面会を求めた。大原はペリー来航以後攘夷論を主張し、尊王攘夷派の公家として著名であった。大原は、久坂らに対して、長州藩の重臣が自分に面会したいというなら、自分は長州に赴いてもよいと述べた。久坂らは、この大原の言を伊藤伝之輔《でんのすけ》に託して松陰に伝えた。

これを伝え聞いた松陰は、自己の識見と状況説明をして大原の西下を求める「時勢論」（九月二七日）と書簡「大原卿に寄する書」（九月二八日）を書いて、上京する伝之輔に託して大原へ送ったが、京都の長州藩邸で阻まれ、「時勢論」のみが大原に届いた。

「御果断の時節到来」

「時勢論」とこの大原宛書簡は、九月末当時の松陰の考え方をよく示している。松陰は、「時勢論」で、次のように述べる。天皇は、幕府を相手にせず、直接天下に勅を降し、あらゆる「忠臣義士」、また尾張・水戸・越前を始め、幕府に罪せられている勢力を結集して「外夷《がいい》撻伐《たつばつ》の正義」をたてるべきである。幕府が勅に背いて「衆議」を排するのは、外国と結託して自らの勢力を支えているからである。幕府は、「天朝より幾百通り勅諚降りても、諸侯より何千通の正議を建白《けんぱく》しても」無視して「外夷の和親を急ぐ」だけである。志士を弾圧している幕府は、「和親」が固まれば「正議」の公家たちや「主上」にも迫るに違いない。いまや「御観望」は幕府と外国勢力の勢威を増して忠臣義士の死亡・挫折と朝廷の衰微を招くだけであるから、「御果断の時節到来」である、と。

「草莽の志士を募る」

一方の大原宛書簡では、こう述べる。大原が天皇の討幕の決心を伝えるために長州へ下向すれば、勤王《きんのう》討幕へ向けて四、五藩は決集する、そうなれば「雲霞の如く」日本全体が天皇のもとに結集する。それが不可能でも長州藩は決起する。長州藩の決起が不可能でも長州藩有志が呼びかければ九州の有志が結集する。以上がすべて挫折しても、松下村塾生は決起する。松陰はいう。

万々失策に出で候《そうろう》も、私共同志の者計《ばか》り募《つの》り候とも三十人五十人は得べくに付き、是れを率ゐて天下に横行し奸賊の頭二つ三つも獲候上にて戦死仕り候も、勤王の先鞭《せんべん》にて天下の首唱には相成り申すべく、私儀本望之《こ》れに過ぎず候。

松陰は、大原西下という勤王討幕への決起を促す端緒さえあれば、たとえ松陰らの同志数十人の決起でも、連鎖反応的にやがて日本全体の決起を促すと考えている。先覚後起の思想である。このとき、松陰は、「諸侯恃むべからず、草莽の志士を募る」と、少数の自覚的分子として、食禄をもたない在野の志士である「草莽」を見据えている。彼は、自らを草莽と自覚する中で、なお幕府と諸藩の政治主体としての意義を認めながらも、組織に属さない草莽を皇国の臣民として国家的危機を打開する担い手として、積極的に位置づける。ただし、この松陰の先覚後起の思想では、先覚の決起には天皇の意思という大義を必要とするのである。

伏見破獄を指示

さて、松陰の右の書簡は大原に届かず、大原西下は実現しなかった。彼が、つづいて立てた計策は、松陰門下の赤根武人《たけと》を上京させて、梅田雲浜ら志士が入れられていた伏見奉行所の獄舎を破ることであった。赤根は、松陰の塾に学んだ後に京都に上り、雲浜のところに寄宿して学び、雲浜逮捕の後、彼自身も逮捕されたが、嫌疑が晴れて萩に戻っていた。この破獄策について、松陰は、安政五年一〇月八日付、肥後藩士某宛書簡で、「大和の土民を協合、伏見の獄を毀《こぼ》たせ候様《そうろう》致し候。其の生、才あれども気少し乏し。成せば宜しきがと案労仕り居り候」と述べている。彼は、あまり信頼していない赤根に破獄策を授け、それを他藩士への書簡に書いている。軽率ともみえるが、彼の意図は事件を起こして世人の覚醒を促すところにあった。

結局、赤根による伏見破獄策は、藩政府の知るところとなって挫折した。

ところが、一〇月一八日、松陰門下の入江杉蔵が江戸から萩に戻る途中、京都で大原父子に会見した。その折、父の大原重徳《しげとみ》は松陰のために「七生滅賊」の四大字を書して入江に託し、子の大原重実《しげみ》は入江に三絶句を作って贈り、長州西下の意を託した。これを受けて、松陰は、また、大原父子の長州への西下を要請する書簡を書いたが、書簡を託すつもりであった白井小助《こすけ》が上京せず、これも不発に終わった。

周布の威嚇

品川弥二郎

周布政之助（当時行相府右筆兼手元役）は、松陰の大原西下策・伏見破獄策といった過激な行動の指示を知り、これを抑止しようとして、次のように述べて威嚇した。

勤王の事は政府已《すで》に定算あり。君公の親出を待ちて而る後決せんことを要す。書生の妄動を費すことなかれ、妄動して止まずんば投獄あるのみ（「厳囚紀事」）。

松陰は、次のように反論した。京都の情勢ははなはだ複雑であり、現時点で藩主が上京するのは「危計」である。自分らがまず上京して工作し、成功したときに藩主が上京すればよく、もし自分らが失敗して殺されても藩に損はない、と。この応酬のあった一〇月下旬頃には、藩政府で藩主の上京あるいは江戸出府を検討していたようであるが、松陰の方も自身が上京する計画を立てていた。それは、一〇月下旬に、尾張・水戸・越前・薩摩の四藩が連合して井伊大老を誅罰する計画があり、長州藩に支援を要請しているという情報が届いたことによる。事実は、四藩連合という大がかりなものではなく、薩摩藩士らを中心とする動きだったようである。

間部襲撃計画

松陰は、この情報に対して、長州藩が四藩に便乗するのではなく、自ら京都にいた間部を襲撃する計画を立て、一一月上旬に、この計画に賛同する同志の血盟一七人を得た。血盟書が残っていないので全員の名は不明であるが、確実に参加しているのは、岡部富太郎・有吉熊次郎・作間忠三郎・佐世八十郎《させやそろう》・品川弥二郎である。そのほか、この五人に加えて後に「十志士」となる、入江杉蔵・吉田栄太郎・時山直八・久保清太郎・福原又四郎も一七人の中に入っていると思われる。

松陰は、須佐《すさ》の小国剛蔵《おぐにごうぞう》や生田良佐《いくたりょうすけ》に書簡を送るなど、同志の結集に向けて最大限の動員をかける一方、佐世に弾薬の調達を指示し、土屋蕭海《しょうかい》に一〇〇両の金の調達を依頼し、藩政府に武器弾薬の貸下げを依頼するなど、武装計画を進めた。彼は、間部襲撃を決死の重大行動と位置づけ、一一月六日付で父百合之助・兄梅太郎・叔父玉木文之進に宛てて永訣の書を書いた。彼は、朝廷・藩主への忠義のために死ぬことを、不孝の罪を謝しながら「泣血再拝」して告げている。この書の次の言葉は、彼の先覚後起の思想を端的に示している。

同志を糾合して神速に京に上り、間部の首を獲てこれを竿頭《かんとう》に貫き、上は以て吾が公勤王の衷を表し且つ江家《ごうけ》名門の声を振《ふる》ひ、下は以て天下士民の公憤発して、旗を挙げ闕《けつ》に趨《おもむ》くの首魁《しゅかい》とならん（「家大人・玉叔父・家大兄に上る書」「戊午幽室文稿」）。

松陰は、草莽でありながら、なお「江家」すなわち毛利家の臣下として自己を位置づけている。だから、彼は、一一月六日付で藩政府要路の周布と前田孫右衛門（国相府手元役）に書簡を送って協力を求めた。

周布と前田への協力依頼　周布宛書簡では、間部襲撃についての藩政府への願書案文を提示し、かねての交誼により事前に知らせるから、俗吏には内密にして周布の同志には伝えてくれるように依頼している。周布へはかねての交誼から形式的に連絡したのである。同じ願書案文を示した前田に対する態度は同志としてのものである。前田宛書簡で、松陰は、次のようにいう。

別紙願事近日発し候様《そうろう》同志中追々盟約仕り置き候。右に付き左の件々御周旋願ひ奉り候。
一、クーボール三門、百目玉筒五門、三貫目鉄空弾二十、百目鉄玉百、合薬五貫目貸下げの手段の事。

松陰は、武器弾薬の貸し出しのほか、京都・長崎・肥後へ決起を促す連絡員の派遣についても、前田に周旋を依頼し、間部襲撃の藩政府の許可への協力だけでなく、計画への加担を要請しているのである。

周布の方針の変化

松陰が周布と前田に異なる態度をとったように、二人の方もそれぞれに松陰に異なる態度をとった。松陰の襲撃計画の連絡に前田は共感を示したが、周布は大いに恐れて抑圧に向かったのである。このとき、周布と松陰の間に立って情報を伝えたのは中村道太郎・松島瑞益《ずいえき》（剛蔵）・赤川淡水《おうみ》・来原良蔵・小田村伊之助（松陰の妹寿の夫）といった松陰の友人たちである。中村は、一一月七日、勤王については藩政府の方針があるから、松陰らの計画を延期して欲しいという周布の言葉を伝えた。藩政府の方針とは、藩主が早期の江戸参府と称して、実は年内にも京都に上るという計画である。松陰は、近日中に出発と考えていたが、延期して正月元日に出発することにした（安政五年一一月上旬某宛）。

ところが、八日、松島・赤川が松陰を訪ねて、藩主が早めに江戸参府して井伊に直言するとの周布の方針を伝えた。薩摩藩士らの井伊襲撃計画は頓挫《とんざ》し、薩摩・越前・筑前・因州四侯が上京して勅を奉じて幕府の奸吏《かんり》を除く計画であるが、吾が藩は独自に行動して、ただちに江戸に出て井伊を責めて、四侯に内応するという。松陰は、現在の状況で藩主が江戸に出るのは「危計」であると周布に伝えると、周布は「一旦御上京、正議の諸侯と一同綸旨《りんじ》を申請け、一同東下」するという。松陰は、周布の意見が一貫しないことに不信感を抱き、「危計」に藩主を押し立てるのは恐れ多いとして、行相益田弾正を京都に派遣する提案をした（一一月一一日「周布氏の説」・「戊午幽室文稿」）。

藩主の江戸出府問題

藩主は、通例によれば、来年春三月に江戸へ出府するが、松陰は、これも得策でないと、次のように論じた。諸侯は本来違勅調印した幕府を誅罰すべきところ、朝廷は寛大にも幕府を許容されているのであるから、いま藩主が幕府へ参上することは適切でない。天下の形勢は変革・内乱の可能性が高く、そのとき藩主と世子ともに江戸にいて、幕府から協力の要請があれば「正論」を通すことは困難である。病気を口実に参府を見合わせるのがよい、と(一一月一三日「己未御参府の議」「戊午幽室文稿」)。

松陰が、藩主の江戸参府を重大視したのには、別の事情があった。一〇月二七日に世子付き番頭長井雅楽《うた》が萩に戻ったことにつき風聞が流れた。幕府は、「正議」の諸侯に隠居を命ずる気配があり、長州藩主も連座する可能性があるので、長井は、早めに江戸に出て幕府に追従することを促すためにもどったのである、と。松陰は、風聞を信じたわけではないが、藩主の早期参府について長井を問いただす必要を感じた。彼は、一二日、来原良蔵に、周布の首尾一貫しないこと、長井の信じがたいことを語った。翌日、来原は、長井を訪問して参府問題を質問して、長井を信頼してよい旨を松陰に伝えたが、松陰はまだ納得できなかった。

松陰は、一五日、長井が江戸に出発する日に書簡を送り、「周布は、薩・越・筑・因四藩が合従《がっしょう》して上京し、吾が藩主も江戸に出て大老を責めるという、自分は藩主の江戸参府は危計と考えるがどう思うか」とただした。長井は、「四藩合従は不確定である。自分は、妄《みだ》りに参府しないようにとの世子の口上を藩主に伝えた。藩主は決して早期参府はしないであろう。大老への諫争は世子《せいし》も心がけており、自分らも尽力している。自分をあまり軽んじてくれるな」と使いの吉田栄太郎に口頭で述べた。周布のいう藩主江戸参府・井伊諫争説を、長井は否定したのである。

周布の松陰抑止の失敗

同じ一五日、松陰は、この長井の伝言を記した書簡を来原に送り、周布に見せることを依頼した。周布は、来原に対して、相変わらず藩主の江戸参府・井伊諫争を語り、さらに、今回の長井の東行では、途中、京で朝廷に詔書を請う予定であり、藩政府はやがて勤王を実行すると述べたという。奇妙なことに、松陰は、長井が京都で詔書を請うという周布の言葉を来原から聞いたと記すのであるが、来原は、周布がこのことを語らなかったし、自分が松陰に語ったこともないと述べている（「周布公輔の事二条」「戊午幽室文稿」）。事実は分からないが、いずれにしても、周布は、来原を通しての松陰説得に失敗した。

来原は、「周布公輔の事二条」の余白に、「義卿は義卿の事をなすべし、良三は良三の事をなすべし、周布が弥《いよいよ》奸物ならば速に斬るとも殺すともするがよし、良三はいまだ周布が奸を覚へず、故に御同意は致すまじ」と書いている。松陰のもっとも信頼する友人の一人来原が、松陰から距離を置くことになった。松陰の過激な言動が同志の困惑と離反の傾向を招きつつあったことの現れである。

松陰は、一一月一五日の時点で、藩政府の動きが思わしくない場合には一二月一五日に出撃することを同志と申し合わせており（安政五年一一月一五日付、生田良佐宛）、その上で周布ら藩政府の方針を問いただし、周布への不信をつのらせていた。藩政府は、微妙な政治状況の中で内部に危険分子を抱えた形である。それだけではなく、一一月下旬に書いたと思われる「周布を論じ、兼ねて両府の選充を議す」では、藩政府の行相府・国相府の人事案をまとめ、周布を追放して松陰に近い人々を要路に配置する構想を提示した。これはクーデターの画策である。藩政府としては、松陰を放置しておくわけにはゆかなくなった。

V 草莽崛起

再入獄

松陰再入獄の命令下る　藩政府は、松陰の自由を再び拘束する方針をとる。一一月二九日、周布政之助《すふまさのすけ》は「寅二は学術純ならず、人心を動揺す」と松陰を野山獄《のやまのごく》へ投獄しようとしたが、厚狭郡《あさぐん》吉田の代官をしていた玉木文之進が病気退職して松陰の指導にあたると願い出たので、一室に「厳囚」ということになった。松陰厳囚の報を聞いて集まったのは、久保清太郎《せいたろう》・佐世八十郎《させやそろう》・岡部富太郎《おかべとみたろう》・福原又四郎・有吉《ありよし》熊次郎・作間忠三郎・入江杉蔵・時山直八《ときやまなおはち》・吉田栄太郎・品川弥二郎の一〇人である。松陰は彼らを「十志士」と呼んでいる（「厳囚紀事」「戊午幽室文稿」）。

この日、松陰は「豈に図《はか》らんや其の忠と為す所以《ゆえん》のもの忠に非《あら》ず、而して義と為す所以のもの義に非ず、徒らに以て国家の梗害《こうがい》とならんとは」（安政五年一一月二九日「諸友に示す」「戊午幽室文稿」）と述べている。彼は、「国家」（長州藩を指す）に忠義を尽くしているつもりであったが、国家の側はそれを有害とみなした。ここに忠義・勤王《きんのう》の立場による差異という問題が、松陰に重く投げかけられた。これまでの松陰にとって、忠義は、藩主・天皇への献身として自明性を帯びたものであった。ところが、勤王のことは藩政府にまかせよとする周布らとの対立の中で、松陰は、「天下に真勤王・偽勤王之れあり」(安政五年一二月八日付、小田村伊之助・久保清太郎」宛)とみるようになる。勤王・忠義は最高の倫理的価値をもつ行為を意味するにもかかわらず、誰にも自明のことではなく、いまやその内容について真と偽の区別が必要となったのである。

罪名問題

さて、藩政府は文之進の辞職を認めなかったので、文之進は松陰を一室に厳囚して一二月二日に任地に向かった。ところが、一二月五日夜、松陰を野山獄へ再入獄させるという藩政府からの内命書が父百合之助に届いた。理由は、「御聞込《おんききこみ》の趣之《こ》れあり」(「再入獄内命書」)というもので、これは、罪名を明白にすると恥辱を与えるので内密のまま逮捕する場合にいう。父は病床で内命書を受け取って松陰に伝えると、松陰は当直をしていた作間・吉田にこのことを告げた。富永がやって来て梅太郎と相談して、松陰を病気と称して家に幽囚することを願う書類を作り、中村のところへ打診に行って戻った。

作間・吉田は門人への連絡に走り、入江杉蔵・佐世八十郎・岡部富太郎・福原又四郎・有吉熊次郎・品川弥二郎が二人とともにやってきて、その八人のいるところへ、松島瑞益・小田村伊之助(二人は兄弟である)が来た。松島・小田村は、八人に松陰投獄の罪名を問いただすのがよいと語った。罪名の糾明が問題となるのは、「御聞込の趣」が、罪名を明白にすると武士の名誉にかかわるので内密にしておくということだからである。彼らは、すぐに周布と井上与四郎(行相府用談役)

の家に押しかけたが、ともに病気ということで会えない。彼ら八人が、翌朝、それぞれ家に帰ると「暴徒」として藩政府から謹慎を命ぜられてしまった。

小田村・久保は、周布政之助・井上与四郎・前田孫右衛門らに対して松陰の罪名を問い、門人の罪を許すように尽力したが、周布らは罪名を明らかにせず、松陰の入獄を促すだけである。ところが、百合之助の病気が重くなり、生命の危険も生じてきた。松陰は兄と相談の上、一二月一三日に前田に書簡を送り、松陰投獄の罪名及び長井雅楽《うた》が詔書を請う問題についての真偽糾明を中止することを条件に、父を看護し病気のやや緩むのをまって入獄したいと申し出た。この申し出は藩政府にいれられ、投獄は延期となり、また松陰の門人による罪名の糾明も止んだ。

大原西下の画策と挫折　この間、松陰は、別途、大原重徳の西下を画策していた。一二月のはじめ、松陰の指示で伊藤伝之輔を中心に野村和作（入江杉蔵の弟）・田原荘四郎らが奔走し、一二月一六日に大原が京都を秘かに出る段取りができた。このとき、伊藤は、松陰が九月に書いて届かなかった大原宛書簡を改めて大原に届けた。だが、大原西下は、直前になって田原荘四郎が萎縮して京都長州藩邸へ計画を漏洩したので挫折した。

福原清介が一二月一六日に大原に挫折の報を伝えると、大原は長州藩主毛利慶親《よしちか》への詩と長州藩家老益田弾正《だんじょう》への語を託した（安政五年一二月二八日付、入江杉蔵より松陰宛）。また、大原は、田原に「明春長州藩主が参府のため東上するとき伏見で会いたい、もし事が成らないときは出家すると寅次郎に伝えてくれ」と伝言した。こうした大原父子の意思表示が、松陰に大原西下策を追求しつづけさせることになる。

この大原西下策の挫折をまだ知らない松陰は、安政五年一二月二一日付、大原重徳宛書簡で、長州藩の事情を説明している。ここでは、周布政之助・井上与四郎・赤川淡水《おうみ》・長井雅楽《うた》を警戒すべき人物とし、信頼すべき同志として久保清太郎・佐世八十郎・入江杉蔵・吉田栄太郎・岡部富太郎・岡仙吉をあげ、「在官人」ですぐれた人物として来島《きじま》又兵衛・来原《くりはら》良蔵・桂小五郎・前田孫右衛門・宍戸《しど》九郎兵衛・兼重譲蔵・中村道太郎・儒官の小田村伊之助をあげて、さらに門下の少年輩に自分と死生をともにするものが十数人もあると述べている。

ところで、来島と桂は、松陰が右の大原宛書簡を書いた直前に萩に帰って、桂は、一二月二四日に松陰を訪ねて深夜まで話し込んだ。嘉永六（一八五三）年以来五年ぶりの再会である。このとき、松陰は、桂の説明によって、幕府をめぐる認識を改めた。彼は、先には幕府が奸物堀田正睦《まさよし》・水野忠央《ただなか》に操られているとみていた。桂は、水野が井伊直弼と結託して井伊を大老に挙げたのであり、井伊は無断条約調印の責任を堀田と松平忠固《ただかた》に帰して彼らを罷免《ひめん》し、徳川慶福《よしとみ》を将軍継嗣《けいし》としたのだと語ったのである。

野山獄への再入獄

父百合之助がやや快方に向かったので、松陰は一二月二六日に入獄した。来別するものは親戚・門下生二十余名、送別の宴は盛り上がった。松陰が父に別れを告げると、父は欣然として「一時の屈は万世の伸なり、いづくんぞ傷《いた》まん」（「投獄紀事」）と松陰を励ました。野山獄まで来たものは、兄梅太郎・弟敏三郎・久保清太郎・富永有隣・玉木彦介・倉橋直之助・馬島甫仙・国司仙吉・妻木寿之進《ひきのしん》・藤野荒次郎・安田孫太郎・岡田耕作・増野徳民・僧侶提山《ていざん》である。途中で吉田栄太郎・品川弥二郎・入江杉蔵・岡部富太郎繁之助兄弟・佐世彦七八十郎父子に一面した。彼らの多くは自宅謹慎中であったが、無理をおして見送った。また、吉田の母・馬島の母・大野音三郎も途中で松陰を見送っている。同じ二六日に、伊藤伝之輔と野村和作が帰国命令を受けて萩に着き、翌二七日に厳囚を申し渡された。松陰が、大原策挫折と伊藤・野村の厳囚を知ったのは、一二月二九日のことである。

再入獄した翌日、松陰は、父宛の書簡で病気見舞いを述べるとともに、自分の獄中生活について安心するようにと書き、翌安政六年正月三日、父宛書簡でも、「獄居と家居と大異なきなり」と述べている。周布ら藩政府の要路は元来松陰と立場の近い人々が多く、やむを得ず投獄したが松陰に好意をもっていたので特別の配慮をしていたし、司獄の福川犀之助は松陰の門下である。これまで以上の不自由はなかったと思われる。

大原策と藩主参府中止策の結合　獄中の松陰は、外の社会への働きかけをやめたわけではない。彼は、この再入獄を用猛第四回とし、二十一回猛士は用猛を一七回を残すと述べている。彼の社会への働きかけは、大原西下策の継続という形をとる。彼は、安政五年一二月二九日付、入江・小田村宛書簡で、「大原策を以て御参府を止め、御参府を止めて勤王をするが大眼目なり」と大原策を安政六年春に予定されている藩主の参府中止と結びつける計画を立てた。彼は、同じ二九日に謹慎中の入江に書簡を送り、岡仙吉・増野徳民を大原西下のために上京させるよう周旋を依頼したが、これはうまくゆかない。大原西下策は、やがて、より大規模な計画へと発展する。

一二月三〇日、松陰の罪名糾明のため走り回って謹慎を命ぜられていた八名のうち、岡部富太郎・福原又四郎・佐世八十郎・作間忠三郎・有吉熊次郎の五人が赦免された。残りの入江・品川弥二郎・吉田栄太郎は、翌年正月二五日になって赦免される。その命令書には、「匹夫《ひっぷ》として諸士に交り右体《みぎてい》の所行甚だ以て謂はれざる事に候」とある。三人は士分ではないことで差をつけられたのである。

ところで、安政五年一二月二九日には、戊午の密勅を諸藩に伝達するために諸国を遊説していた、水戸藩士矢野長九郎・関鉄之助が萩へきて藩の要路に徳川斉昭《なりあき》の密旨を伝えたいと申し出た。松陰は、彼らと連絡をとって大原策を遂行しようと謀《はか》ったが、藩政府は彼らの申し出を拒絶したので、翌安政六年正月七日、二人は空しく萩を去り、松陰の策謀も頓挫《とんざ》した。

孤立

同志の忠告

松陰は、繰り返し激発を目指していたが、同志の中にも危ぶむものが出てきた。小田村伊之助は、安政六年正月九日付、松陰との往復書簡で、昨年一二月から今年のはじめにかけて井上与四郎・周布政之助・北条瀬兵衛が相ついで上京したのは、藩士の激発を押さえるために探索に出かけたのであるから大原策は困難であり、みすみす危地に飛び込むのは避けるのがよいと忠告している。松陰の過激な計策を恐れていたのは、小田村だけではない。これより先、前年の一二月一一日に、江戸にいた高杉晋作・久坂玄瑞・飯田正伯・尾寺新之丞・中谷正亮の五人は、間部襲撃計画について自重を促す書簡を連名で松陰に書いた。そこでは、一二月一日に将軍宣《せん》下《げ》も終わり、幕府の有利な形勢で諸藩も情勢を観望しているありさまであるから間部襲撃の成功は見込めず、長州藩にも害を及ぼすと諫《いさ》めている。久坂は、これを直接には松陰へ送らず、一一月二六日に来島又兵衛とともに江戸を発して帰国途中の桂小五郎へ送り、桂が萩に着いたら松陰をよく諫争《かんそう》することを依頼した。

松陰の反論

「忠義」と「功業」

右の書簡とは別に、江戸にいた中谷・尾寺らの書簡が松陰に届いた。それらは、いずれも松陰に自重を求める「時を待つ」観望論であった。この観望論に対する松陰の考え方は、次のようなものである。情勢の観望によっては状況の転換は生じない。現在の長州藩で起こっている弾圧は、自分の行動が引き起こしたものであり、自分が鎮静すれば弾圧も鎮静する、再び行動を起こせばまた弾圧が来る、この繰り返しである。弾圧があるから鎮静自重するというのであれば、いつまでも行動する機会は来ない。忠義とは安全な情勢の時にするものではなく、弾圧における死の危険の中ですることだ、と（安政六年正月一一日付、某宛）。彼は、ここで変革を求める行動者としての生き方を明確に示している。その上で、彼は、自分の生き方と観望論をとる久坂らの生き方とを、次のように対比する。

江戸居の諸友久坂・中谷・高杉なども皆僕と所見違ふなり。其の分れる所は僕は忠義をする積り、諸友は功業をなす積り（同上）。

松陰は、「忠義をする」と「功業をなす」という二つの生き方を対比する。この二つの立場を、「状況の変革を求めるために死を賭しても行動に出ること」と「与えられた情勢の中で実現可能な有効な行動をとること」とみることができる。注意すべきことは、松陰において、忠義や勤王は最高の倫理的価値をもつ行為を意味することである。したがって、忠義を自称する行為も、「功業をなす」と判定されるとき、真の忠義ではなく偽りの忠義であり、倫理的に高く評価されえない。松陰は、忠義と功業の区別により、状況の困難を理由に実行に突き進まない行為を真の忠義ではなく、

「功業をなす」偽りの忠義だとしたのである。

このように忠義と称される行為の間に真偽があるとすれば、忠義を行うと称する人々の間に敵対関係が生ずるのは当然だということになる。松陰が、この後、同志・友人としばしば絶交するのも、感情的なものだけでなく、そうした思想的理由があったのである。

松陰は、久坂らの観望論を批判した後に、正月一六日・一九日付、岡部富太郎宛書簡を書いた。これは、岡部に託したが実質的に桂宛である。彼はいう。功業は時にあわなくてはできないし、時がくれば忠臣義士でなくても功業はできる、時を待てという議論は忠義ではなく、功業をするための議論であり、忠義をなすのは時とは無関係であるから自分は時を待たないのだ。また、太平の世の人々はおおかた不忠不義である、忠義の人が彼らに不忠不義であるといえば彼らは大いに怒り、忠義の人を罪して奸賊《かんぞく》と呼ぶ、二百年太平柔弱の極みである現在、忠義をすれば指弾されるのが当然である。忠義をしようとして、敵をつくることや死ぬことを恐れてはいられない、と。

以上は一六日に書いたものであるが、一九日に、松陰が次のように書いているのは、例の久坂ら五人連名の書簡がこの日に松陰の手にわたったのだと思われる。

中谷・高杉・久坂等より観望の論申し来り候。皆々僕が良友なるに其の言此くの如し。殊に高杉は思慮ある男なるに、しかいふこと落着に及び申さず候。皆々ぬれ手で粟をつかむ積りか。

高杉らの書簡に落胆した松陰は、一六日に書いた桂への観望論批判の文章を焼いてしまえと記している。もはや桂にみせるまでもないというわけであるが、岡部は「この書火《や》くべからず」と添え書きしている。

「良友」を「謝絶」

このころの松陰は、同志たちが自分の心情を理解せず、現在こそ尊王攘夷に向けて藩が立ち上がる好機であるのに観望論に堕していることに、孤絶感と憤激を深め、正月一七日「子遠に与ふ」で、「良友」との「謝絶」を宣言した。彼は、ここで子遠入江杉蔵に良友を列挙して、中村・来原・土屋・桂・久保・小田村・松島・赤川・中谷・高杉・久坂・尾寺・吉田・松浦・増野・佐世・岡部・福原・有吉・作間・品川・富永を挙げている。松陰は、これら「吾が党」の人々も身を挺して国のために行動するものがなく、自分の心情を理解するものは小田村・久保のほかは藩より謹慎を命ぜられた「暴徒輩」のみであるから、良友と謝絶するという。松陰の嘆きは深く、しばらく沈黙するかの如き口吻を漏らしたが、むろん、自重沈黙するはずもなかった。

高杉晋作

大高・平島の萩来訪

折しも、正月一五日、梅田雲浜門下の播州浪人大高又次郎・備中浪人平島武二郎が萩に来て、藩政府要路に面談を求めた。彼ら二人に接触したのは、小田村・入江らである。大高・平島は、尊王攘夷の立場から幕府の改革と政策変更を迫ることを長州藩へ依頼するために来たのであり、もし藩政府が面談を拒絶すれば、長州藩主の江戸参府の機会に、同志三十余人と三条実万・大原重徳らの公家を同道して伏見で待ち受け、藩主を擁して京都に入る計画であると述べた。伏見要駕《ようが》策である。二人の計画は、一二月の松陰らの大原策挫折の時に、大原が伏見で藩主毛利慶親に会いたいと伝言したことと照応している。

二人の計画を聞いた入江は、自分が京都に上って伏見で藩主を待ち受けるための画策をする決意を表明した。だが、松陰は、長州藩論を勤王に確定しないことには、伏見で待ち受けても成功はおぼつかないとみた。彼は、大高らにできるだけ長く滞在してもらい、二人の同志や三条・大原ら有志の公家にも西下を求めて、長州藩論を確立すれば、同志の結集も容易であるという計策をたてた。松陰らの藩政府への窓口である小田村は、松陰の過激な計策に批判的であったから、この計策を藩政府に取りつがなかった。

藩政府は、大高・平島を危険視して、二一日に面談を拒絶したので、彼らは二三日に萩を去ったが、このとき野村和作に自分たちの計画を記した書簡を残していった。松陰は、彼らが長州藩を信頼して働きかけてきたことに対して、長州藩は適切に応対をするべきだし、まして彼らの同志が伏見で藩主を待ち受ける計画を放置することはできないと考えた。これが、松陰のさらなる大原策の追求を促すのである。

清末策

松陰は、このころ、野山獄同囚の安富惣輔《やすとみそうすけ》の発案にもとづいて清末策《きよすえ》を立てた。長州藩の三つの支藩の一つ清末藩は、小藩でまとまりもよく、藩主毛利元純《もとずみ》は賢明であるから、ここに使者を送って支藩のイニシアチブで本藩の人事を刷新して政策の転換をはかろうというのである。松陰は、二三日、入江に書簡を書いた。彼は、そこで清末策を説明し、清末に送る使者としては佐世・岡部に任せたいが、桂なら最適であるといい、この書簡を桂に見せるように指示して、「桂・来原一点の権謀なし、是れ妙たる所以《ゆえん》なり」（安政五年正月二三日付、入江杉蔵宛）と述べている。彼は、来原良蔵とともに桂小五郎に全幅の信頼を置いていた。

玉木文之進が松陰に同志との絶交を指示

この書簡を書き終わったときに、兄梅太郎が松陰に衝撃的な情報をもたらした。それは、叔父玉木文之進が松陰に同志たちとの書信を絶つよう命じたというものである。しかも、このことを文之進に進言したのは桂であった。桂としては、松陰の過激な言動を心配してのことであったが、松陰の受けた衝撃は、ことのほか、大きかった。翌二四日の「野山日記」に、次のように記している。

吾れの尊攘《そんじよう》は死生之《こ》れを以てす。自ら謂《おも》へらく、以て天地に対越《たいえつ》すべしと。豈《あ》に図《はか》らんや、初めや小人俗吏之れを憚《はばか》り、中ごろは正人君子之れを厭《いと》ひ、終に平生の師友最も相敬信する者、交々《こもごも》吾れを遺棄し、交々吾れを沮抑《そよく》せんとは。尊攘為すべからざるに非《あら》ず、吾れの尊攘を非とするなり。尊攘自ら期して而《しか》も尊攘に非ず、吾が事已《や》んぬ。然らば則ち何如《いかん》せん、其れ積誠より始めんか。吾れの尊攘は誠なきなり、宜《むべ》なり人の動かざることや。今より逐件、刻苦左の如し、誠あらば則ち生き、誠なくんば則ち死せん。然らずんば何を以て天地に対せんや（「野山日記」「己未文稿」）。

松陰はいう。自分は、尊王攘夷を大義として、そのために死をも辞さず、この点で、天地に対しても恥じないと考えていた。ところが、その自分が「小人俗吏」から疎外されただけでなく、「正人君子」に厭悪され、最も敬信する師友からも絶交されてしまった。これは自らの尊王攘夷が誠でないから人を動かすことができなかったのである。自分は、これから条目を立てて誠につとめるが、もし誠であれば生きることができるし、誠でなければ死ぬ。こうする以外に、天地に相対することはできないであろう、と。

自らの誠への懐疑

松陰の受けた衝撃は、自らの誠を否定する事態が起こったことによるものである。この誠の否定とは、自己の内面性として誠でないとするのではなく、自己の志向を人々が受け入れないことを意味する。松陰は、「孟子」離婁《りろう》上篇の「至誠にして動かざる者は未だ之れ有らざるなり」の語に照らして、自分を受け入れて人が動かないこと、現在の自らの孤絶が自らの誠の不足を証示するとみる。

さて、自己が誠でないとする事態に直面した松陰は、箇条書きに定めた課題を実行して、誠を積むこととした。この課題は、無用のことを言わないこと、天子の叡慮《えいりょ》・藩主の賢旨は何か、天祖の恩・毛利家の徳に応える仕方は何かを切に覚醒し、祖先へ孝・父母に事えることなどである。これらはすべて、松陰がこれまでもっとも重大なこととして実行してきたことである。

絶食求死

松陰にとって、この積誠は特別の意味をもつ。これを実行して誠であれば生き、誠でなければ死ぬ。それは、単に個々の行動ではなく、これまで彼の実行してきた行動の全体が誠か否か、ひいては彼の存在が誠であるか否かを問うのである。この積誠は、存在の誠を問うこととして、証は生か死かのいずれかとなる。彼は、絶食の決意をして、次のようにいう。

午後より便《すなわ》ち飲食を絶ち、誓って云はく、「今より後、一の喜快事あらば即ち一飲食を進めん、然らずんば則ち斃《たお》れんのみ」と。（中略）吾が道非《ひ》なるか。吾が道非ならば固《もと》より当に斃るべし。吾が道非ならずんば君子吾れを絶つと雖《いえど》も、吾れ其れ天祖天神・先公先祖に絶たれんや（「野山日記」）。

松陰は、正月二四日午後から飲食を絶ち、「一の喜快事」があれば「一飲食」をとることにした。もし自分の道が非であり誠でなければ死ぬであろうし、自分の道が非でなく誠であれば生きるであろう。松陰の絶食は、唐突ではあるが、同志から孤絶を強いられ、自己の存在を否定された絶望の極、自己を肯定し誠を証する「喜快事」なしには生きられないと思い詰めた心情は、分からぬでもない。

祖霊神による誠の確証　ここで、注意したいことは、松陰が、絶食によって自らの誠の確証を求める相手を「天祖天神・先公先祖」とすることである。誠は人を動かすか否かで確証されるという松陰の誠の思想は、確証するものとして皇祖神と毛利家・吉田家の先祖の神霊を想定している。松陰は、誠の絶対的な証を示すものとして、現実の人ではなく、天皇家と主家と自家の祖霊神という、特殊ではあるが超越的な存在を想定する。松陰の誠を尽くす営みは、祖霊神という特殊な超越者を前にしてのものである。松陰は神霊に祈るという心性をもつ人であったのである。

両親と叔父の訓戒　松陰絶食の報は、同囚安富惣輔《やすとみそうすけ》から杉家に届いた。驚いた父百合之助、母瀧、叔父文之進がそれぞれ、二五日、松陰を諫め、食事を摂るように勧める書簡を送った。父母ともに短慮を戒めた。父は理詰めの説得を文之進に委ねるが親には号泣して従えと述べ、母は食べ物をととのえて送るから、「ははにたいし御たべ頼み参らせ候」と懇願した。文之進は、「汝《なんじ》獄中の餓死大義において何の益あるや」とたしなめた。松陰は、この訓戒に「水一椀、釣柿《つるしがき》一つ」を食べたが、通常の食事に復することはしなかった。

門人らの釈放絶食中止　折しも正月二五日、松陰再入獄の時に罪名糾明の行動をした八名のうち釈放されずにいた入江・品川・吉田が赦免され、同日、野村も赦免された。なお、野村とともに大原策を周旋して謹慎中であった伊藤伝之輔には、同日揚屋《あがりや》入りの命令が下った。松陰は、入江らの釈放を知って大喜びで絶食をとりやめる。門人たちの書簡も彼の心を和ませるところがあり、松陰は、再び積極的な態度に転ずる。

松陰は、この絶食事件を、次のように振り返っている。投獄以来の自分は、憤激をつのらせることが多く、遂に絶食求死の行動に出たが、その時は親族師友の訓戒諫争《かんそう》を受け付けず、かえって憤激は増すばかりであった。ところが、入江ら四人の釈放を聞くと憤激はやわらいだ。藩政府が松陰を投獄したのも、桂らが諸友と絶交させたのも善意に発するのに、自分がそれを察しなかったのだ。自分の過激な行動は「真誠の発する所」であるから、人は甚しくは悪《にく》まないが、自分は甚しく悪まれていると思ったので益々あやまってしまった、と（二月三日「士毅に与ふ」「己未文稿」）。

松陰は、絶食事件を通して、同志が自分を理解してくれていると思うことができたし、自己の誠への疑念を払い去ることができた。彼の誠は、祖霊神によって証を立てられたのである。彼は、自己の誠についての不足を自覚するにしても、もはや根本的な懐疑をもつことはない。彼は、再び、誠を尽くして尊王攘夷の過激な行動を企図するのである。

この松陰の誠に関連することであるが、来原が、松陰のことを常に「人を強《し》ふるの病《へい》あり」（正月二六日付、小田村伊之助宛）といったという。松陰は、来原だけでなく、同志諸友からも「義卿《ぎけい》人に強ふ、義卿《ぎけい》人に強ふ」といわれている（安政六年二月「諸友に与ふ」「詩文拾遺」）。人に自己の見解を押しつけるという、この友人らの松陰についての評価は、誠に生きる松陰の態度の一面を明らかにするものといえよう。

伏見要駕策

最愛の弟子入江杉蔵

さて、絶食中止を促した門人の釈放で、松陰がもっとも喜んだのは入江杉蔵の釈放である。入江は、これまで松陰の決死の激発策の指示を忠実に受けとめており、このころ、松陰がもっとも信頼していた門人である。この後の松陰の計策は、入江を中心に立てられる。入江は、正月二七日、松陰を野山獄に訪ねて、清末《きよすえ》の陽明学者船越清蔵が萩に来ることを告げた。このとき、藩主を伏見で待ち受ける伏見要駕《ようが》策や清末策が改めて検討された。だが、小田村は、伏見要駕策・清末策のいずれにしても、まず藩内の邪論を倒すことが急務であると述べる。小田村が乗り気でなければ松陰としては手の施しようがない。それに小田村も船越も、清末藩は頼りにはならないという。

もともと、松陰が清末策を立てたのは、当面する最大の問題である三月の藩主参府を前に、清末藩からの刺激によって長州藩政府の人事刷新をすすめ、参府途中に予想される伏見要駕策にそなえるためであった。清末策をやめるにしても、人事刷新をなんとかしなくてはならない。

上書の提出　二月四日、松陰は「上書」を書いて入江に託し、品川がこれを目安箱に投入した。

採用ならず　この上書で松陰は、次のように論じている。まず、松陰が目安箱に上書を投入しなくてはならないような藩の言路の途絶、大原から藩主と益田弾正《だんじょう》に送られた書簡を返上したり、藩要路に面会に来た矢野・関、大高・平島を追い返したりする、藩政府の閉鎖性を改めなくてはならない。とくに、大高らの長州藩主伏見要駕については、藩として対策を講ずる必要がある。もっとも重要な人事については、前田孫右衛門、宍戸《しど》九郎兵衛、来島《きじま》又兵衛、来原《くりはら》良蔵、桂小五郎ら親松陰派の人々、さらに松陰を再投獄した井上与四郎・周布《すふ》政之助らをそれぞれの役職につけ、内藤万里助・北条瀬兵衛・梨羽《なしば》直衛《なおえ》らを更迭すべきである。最後に、今回の御参府は有志の大いに憂慮することであるが、藩政府の人事刷新と「君側《くんそく》の老奸《ろうかん》除去」をしなければ何を論じても無益である、と。藩政府は、この上書を採用しなかった。

松陰は、大高・平島らが伏見で長州藩主を要駕することは必至であるとみて、その対策を立てる必要に迫られた。大高らの伏見要駕は、藩主の名誉にかかわり、ここで失敗すると長州藩の勤王の道が途絶しかねない。松陰は、大高らと公家と長州藩との間を周旋するために、門人を派遣する必要があると考えた。このとき、松陰は、亡命して上京させる門人として、入江杉蔵・佐世八十郎・松浦松洞の三人を想定していた。松浦は小田村の説得に服して断った。二月九日に藩政府から長崎遊学の許可を得た佐世も悩んだ末に断った。

「草莽崛起」

ところで、この問題にかかわる松陰の佐世宛書簡に、このころの松陰の忠義・孝行についての注目すべき考え方が示されている。

> 吾が藩当今の模様を察するに、在官在禄にては迚《とて》も真忠真孝は出来申さず候。尋常の忠孝の積りなれば可なり。真忠孝に志あらば一度は亡命して草莽崛起《そうもうくっき》を謀らねば行け申さず候（安政六年二月九日頃、佐世八十郎宛）。

松陰は、真の忠孝をする主体を「在官在禄」ではない「草莽」としている。彼は、これまでも日本の国家的危機を打開する担い手として草莽を積極的に位置づけてきたが、ここに至って「尋常の忠孝」でなく「真忠孝」をするには草莽でなくてはならないとする。彼は、真の忠義・孝行は「草《そう》莽崛起《もうくつき》」としてこそ成り立つと考えるに至った。彼は、社会変革の主体を求めて行く中で、既存の社会の枠組みの中にあるものでは不可能であるという、重大な洞察を得たのである。

野村和作亡命上京　入江杉蔵投獄

さて、松陰最後の期待は入江にかかった。入江は、家屋敷を抵当にして旅費二〇両を調達し、二月一五日に出発準備はできたが、躊躇《ちゅうちょ》する様子があった。伏見要駕策は無謀であるという小田村らによる説得もあり、この上京は生還を期しがたい上に、家計は貧しく、母は年老い妹は幼かったからである。入江の煩悶の様子をみた弟野村和作が、二月二三日、自分が兄に代わって行くことを申し出ると、入江は弟に東行を譲り、自分が孝道を尽くすことを誓った。一人で忠孝をともに全うする忠孝両全が叶わないので、兄が孝、弟が忠と、兄弟で忠孝を分担するのである。母に事情を説明すると、松陰を尊敬していた母入江満智子は、東行を許した。野村は、同日夜、暇乞《いとまごい》のために松陰を野山獄に訪ね、翌二四日、萩を亡命・脱走した。

脱走の二四日、佐世が翌朝長崎へ発つので野村のところに暇乞に来たとき、野村の母は佐世がもとより承知のことと思って上京のことを一言洩らした。佐世は、二月二五日の長崎出発の折、これを萩郊外明木《あきらぎ》村での別れに際して岡部富太郎に漏らした。岡部は小田村に伝え、小田村は藩政府に報告した。

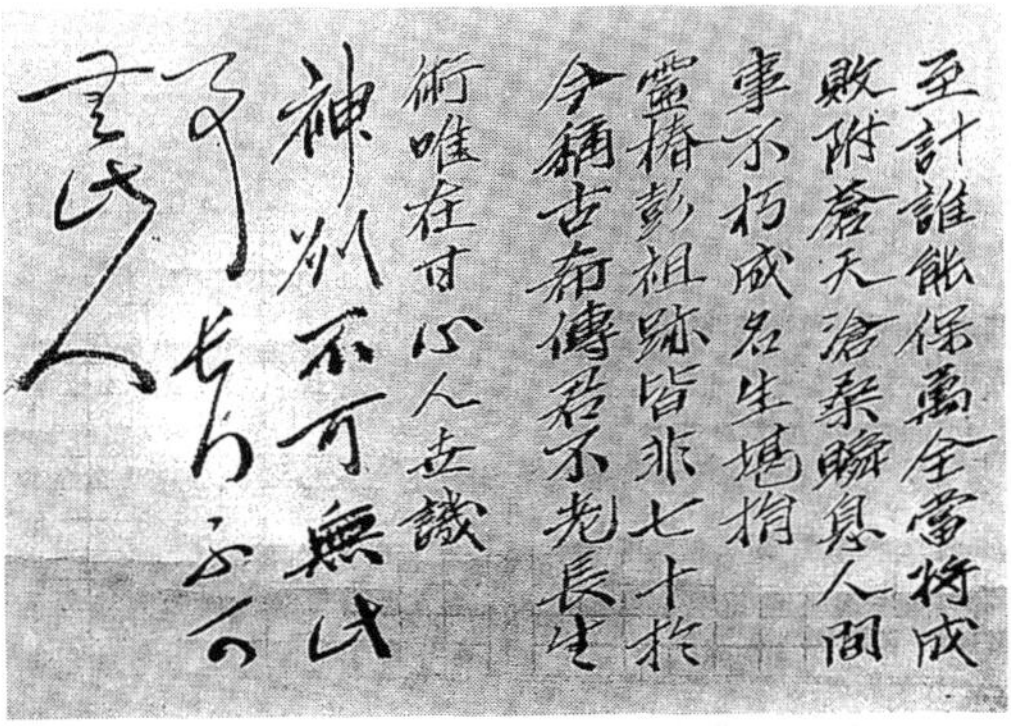

2月中旬頃に入江杉蔵に与えた詩二首。その次に「神州不可無此事　長門不可無此人」とある。伏見要駕策の周旋に入江杉蔵を想定したのであるが、弟野村和作と交替する（山口県文書館蔵）

このように、野村の脱走が同志たちから藩政府に通報されたことは、彼らが伏見要駕策を全く無謀であるとみていたこと、しかも野村の脱走を内密に松陰と入江野村兄弟だけで謀ったことによる。野村の脱走を知った松浦は、次のように述べた。

僕、小田村の説に服し、要駕《ようが》の挙を以て万々不可と為せしに、和作、諸友を欺きて脱走す、憎むべし憎むべし。僕、義として為めに寸歩をも進むる能はず、是れを以て絶たるとも僕は悔いざるなり（三月五日「赤根武人に与ふる書の後に書す」「己未文稿」)。

松浦の「和作脱走す、憎むべし、憎むべし」という言葉に対して、松陰は、後に「怨み骨髄に徹し、万死忘るる能はざるなり」(安政六年三月二六日付、小田村・岡部宛)と憤懣《ふんまん》を訴えている。だが、松浦は、内密に行われた野村の脱走を、同志に対する裏切りと受けとめたのである。絶交されても悔いはないと述べているところに信頼してもらえなかった松浦の無念さがにじみ出ている。同志たちは野村の脱走を無謀と受けとめたのであり、岡部から野村東上の知らせをうけた小田村は、放置できずに藩政府に通報するほかなかったのである。藩政府は、野村に追手を出し、入江に揚屋《あがりや》入りを命じた。二八日、入江は岩倉獄《いわくらのごく》へ入獄する。

「要駕策主意」

同志たちは伏見要駕策を成算のない無謀な行動であるとみていたが、松陰は、二月二七日に「要駕策主意上」を書いて、次のように述べる。藩政府に人がいないから要駕はできないというのは逆で、人がいれば要駕の必要はない、人がいないから要駕をしなくてはならないのだ。しかも、朝廷が攘夷の勅諚を発しているのに幕府・諸藩が従わない現在、皇国日本に在るものとして行動に出ないわけにはゆかない、と。彼は、「英雄の事を謀るや、機を相《み》るを要と為す」と述べて、いまは「傍観坐視」ではなく行動の時であり、その行動はまさに要駕であって「神州の興隆、実に此の一挙に在る」とする。

松陰の計画は、伏見要駕の後、藩主の京都滞在を求め、「正議の公卿」と国事を議し草莽の志士と尊王攘夷を呼びかければ、一月もたたないうちに広範な勢力が京都に結集して、政局の全面的転換が可能となるというものである。先覚後起の思想である。だが、ここでも先覚後起には、公家と藩主による尊王攘夷の提唱が必要なのである。

「不朽の大事」

さて、二月二九日に入江の投獄を知った松陰は、次のように入江に書き送った。

伏見要駕の周旋は、大義のための「不朽の大事」であり、野村に連座して入獄した入江も不朽にするはずであるから投獄を喜んで受ければよい。もし野村が捕縛されたならば、自分が首謀者であると名乗り出て藩の評定所《ひょうじょうしょ》で所見を陳述して死罪に処せられるつもりであるから、入江兄弟と三人で死のう、と（二月二九日「子遠に与ふ」「己未文稿」）。松陰は、大義のため「不朽の大事」に与ったことを、入江のために喜ぶのである。

「長門の三義死」

松陰は、藩政府により断罪されて三人が死ぬことは、大原ら公家や大高ら志士への信義を全うするものが長州藩にいることを死を賭して明らかにし、長州藩の名誉を天下に挙げる、重要な意味があると考える。そこで、彼は、藩政府による断罪の形で死ぬ場を作ってくれるように、小田村・久坂に周旋を依頼する。そして、彼は、脱走後の野村の動向が不明の時点で、改めて入江に対して野村と三人で死んで、「長門の三義死」として長州藩の名誉を天下に挙げる意思があるか尋ねる（安政六年三月一二日付、入江宛）。これは、入江の心情を知らない問いであった。

入江はいう、自分は和作の出発の時に「お前は忠に死ぬべし、自分は必ず孝に死ぬ、決して母の心配をするな」といって送り出した、和作は捕縛されても決して悔いはないが、自分は入獄してまことに後悔している、和作が死ねば自分はますます死ぬわけにはゆかない、自分は孝を尽くさなくてはならない、と（三月一四日付、入江より松陰宛）。松陰は、これに反論できなかった。「人を強ふるの病」が露呈した感じである。彼は、前言を撤回して「忠臣孝子、人各々《おのおの》分あり。今後僕誓つて子遠の孝を奪ひて之れに忠を強ひざるなり」（三月一六・一七日「子遠に復す」「己未文稿」）と述べた。松陰は、「忠臣」と「孝子」のそれぞれの「分」を認め、忠の価値を孝の上位におくにしても、そのために孝を否定することはないのである。

新しい諫死概念

松陰は、入江にともに死ぬことを求めて拒絶され、それを許容したが、自らの死を求める気持ちに変わりはなかった。彼にとって断罪されて死ぬことは、天下に名誉を挙げる「義死」であるとともに、もう一つの重要な意味があった。それは、主君を諫《いさ》めるために死ぬこと、諫死《かんし》である。先に「講孟余話」で、松陰は、諫死としての諫言《かんげん》をあらゆる臣民に認めた。それは、すべての臣民を直接的に人君への忠義の主体として意義づけるものであった。いまや、松陰の諫死の主張は、藩組織に含まれる問題に対処する中で、新たな意味をもつことになる。その問題とは、「君側」の「奸」の存在である。

松陰によると、君側の奸によって藩主の正論が覆われて、藩全体の動向が正論から逸脱するとともに、君側から遠くにいて正論を保持する臣下の意見は藩主に届かない。いま、藩主の江戸参府は重大問題であり、参府を中止させることが「天下の大義」と「藩の栄辱」にかかわるのに、そのためにだれも行動しない（三月一九日「要駕策主意下」）。そのことを、松陰は、「官に在りて一人の諫め且《か》つ止むる者なく、下に在りて一人の罪せられ且つ死する者なし」（同上）と述べる。ここでは、諫言を一定の地位にある者のすることであり、その地位にない者は「罪せられて且つ死する」としている。

ところが、「罪されて死ぬ」ことは諫死である。松陰は、「要駕策、和作且つ諫め且つ死するの志、吾れ深く之れに与す」（同上）というように、野村の行動を諫死の意味をもつと考えている。もちろん、当時の原則にしたがえば、野村に諫言の資格はない。松陰が、ここに諫死としているものは、諫言の資格のないものが、罪されて死ぬ行動によって人君を諫め止めることである。

松陰は、君側の奸がおり、それ故に主君に諫言する者のいない状況おいて、その任にない草莽が、必死の行動により主君を諫め止めるという諫死の概念を提示した。これは、「講孟余話」でみた諫死の概念の延長上にあるが、そこになかった要素がある。それは、草莽が必死の行動で諫めることにより人君の言動を阻止する行動を正当化することである。この諫死の概念は、自己の主張を人君に強要することを可能にする。

松陰の諫死の思想において注意しておきたい、もう一つのことは、少数の諫死が必ずや後続の決起を促すという先覚後起の思想と結びついている点である。

嗚呼《ああ》、諫《いさめ》も亦難《またかた》し、況や死をや。一人能《よ》く諫《いさ》むれば十人亦諫め、百人千人亦諫む。諫めて千百に至らば、安んぞ其の一聴なきを保せんや。一人能く死せば十人死し、百人千人亦死す。死して千百に至らば、亦安んぞ其の一益なきを保せんや。（中略）要駕策、和作且《か》つ諫め且つ死するの志、吾れ深く之れに与す。衆交々《こもごも》聴かれず益なきを以て之れを議す、然れども他日観感して起る者あらば、人始めて其の深計遠慮たるを信ぜん（「要駕策主意下」）。

この主張は、諫言と罪されて死ぬこととを区別する形でなされているが、いまはその点にこだわる必要はあるまい。彼は、諫言・諫死のいずれにおいても、一人の決起が一〇人の後続の決起を促し、一〇人の決起がさらに一〇〇人一〇〇〇人の決起を促すとするのである。彼は、先覚後起の思想にもとづいて、野村の要駕策という仕方での諫死によって「他日観感して起る者」が、この行動の「深計遠慮たる」ことを理解することを期待するのである。このとき、諫死の行動を抑制する要素はない。松陰における新たな諫死の思想は、君側の奸の存在という認識と先覚後起の思想と結びつく中で、臣民が必死であることにおいて人君を強要し得るとして、臣民の自己主張を絶対化してゆく道を開いているのである。

同志への憤懣

さて、松陰は、伏見要駕策《ようがさく》を「神州の興隆、実に此の一挙に在る」（「要駕策主意上」）と位置づけていたから、要駕策を無謀としてはばもうとした同志諸友は、長州藩の尊王攘夷の行動を抑圧しただけでなく、神州日本の興隆の機会を失わせたのであり、「啻《ただ》に吾が藩の罪人たるのみならず、実に神州の罪人」（同上）であるとみた。また、彼は、同志たちが和作脱走を藩政府に通報した件については、個人的な友誼にも反すると憤懣を訴えている。それ故に、彼は、野村脱走・入江入獄の後に、同志諸友に向かって今後尊王攘夷を言う資格はないと決めつけて、事実上の絶交宣言を投げつけた。

僕切に諸友に告ぐ、爾後《じご》誓つて尊攘を言ふことなかれ、此の四五十年中決して諸友尊攘の時なし。唯だ当《まさ》に文を講じ武を修め、例に遵《したが》ひ常を践《ふ》み、一国の佳士《かし》となるべきのみ（三月八日「諸友に告ぐ」・「己未文稿」）。

野村の自首

このとき、松陰には、まだ野村和作の動向が分かっていない。二月二四日に脱走した野村は、播磨龍野（現在の兵庫県龍野市）に向かった。正月に萩に来た大高・平島との打ち合わせで、そこで落ち合うことになっていたのである。野村が行くと二人は京都に発っていて不在であった。彼が、京都に上って二人に会い、大原に面会して伏見要駕の件を持ち出すと、大原は時期が悪いから止めようといい、大高らもそれに同意した。野村は進退窮まり、大坂へ行って萩原広道の家に潜伏したが、そこへ長州藩京都藩邸の福井忠次郎がきて、追捕の手の迫っていることを告げて自首を勧めるので、それにしたがった。野村は護送されて、三月二二日夜、萩に着き、岩倉獄の兄入江の隣室に投じられた。二人は、啼泣嗚咽《おえつ》しながら別離の後の経緯を語り合っている。

　松陰が野村の岩倉獄への入獄を知ったのは、三月二三日である。同日、彼は、早速野村に宛てて書簡を書いた。

孫助報じて云ふ、「要駕の事折《くじ》け、足下縛《そくかばく》に就き昨夜を以て帰り揚屋《あがりや》に囚せらる」と。悲しいかな、悲しいかな。然りと雖《いえど》も天照豈《あ》に霊なからんや、先公豈に神なからんや。霊神蓋《けだ》し謂《おも》ふに、吾が誠未だ至らず、姑《しばら》く吾れに戯《たわ》むるるに艱難《かんなん》を以てし、吾れを欺くに挫折を以てするか。天下一人の吾を信ずるものなきも、吾れに於ては毫《ごう》も心を動かすに足るものなし、独り天照・先公の棄《す》つる所となるは、吾れ其れ勝《た》ふべけんや（「和作に与ふ」「己未文稿」）。

「霊神」の加護

　松陰は、要駕策挫折・野村入獄の報に接して、「天下一人の吾を信ずるものなき」ことよりも、「独り天照・先公の棄つる所となる」のを耐え難いと述べる。現実の他者の反応や成功失敗を越えて、自らの誠を確証するのは天照大神と毛利家歴代の藩主の霊すなわち霊神であるとし、この霊神の加護を信じている。この挫折は、霊神の「戯」ないしは「欺」であり、松陰の誠の不足に対して試練を与えているとみるのである。

　祖霊神が誠を確証するという考え方は絶食事件にも現れており、松陰の思想の根底に位置づいている。そして誠を判定するのは祖霊神だとすることは、現実の成功失敗を相対化する。だから、松陰は、誰一人自分を信ずるもののない状況でも、祖霊神の加護を信じる限りで、断固として自己主張する。そこでは、松陰の自己は絶対化している。

「一日も此の世に居る事を欲せず」

だが、現実から遊離した自己の絶対化は、閉塞《へいそく》した状況を打開できない絶望と表裏する。松陰の次の言葉にはそうした様相が現れている。

只今の勢にては諸侯は勿論捌《さば》けず、公卿も捌け難し、草莽に止《とど》まるべし。併《しか》し草莽も亦力なし。天下を跋渉《ばっしょう》して百姓一揆にても起りたる所へ付け込み奇策あるべきか。何を云ふも及び難し。吾れと足下は四五年間脱獄の気遣ひなければ、勤王今日切りと思ふべし。同志中にも然《しか》るべき人物一人も見え申さず、長門も最早致方《いたしかた》なし。片時も生きて居る事うるさく存じ候（三月二六日・二七日付、野村・入江宛）。

現状は、諸侯・公家に時勢に対処し得るものはおらず、同志にも頼るべきものはいない、自分も野村らも牢獄に拘禁されている、全くの閉塞状況である。三月下旬、松陰は、生きていることを望まない絶望的意識から死を求め、藩政府が自分に死を与えるように同志へ周旋を依頼する。ここには、死によって天下に大義を明らかにして状況の打開をはかろうとする積極性はない。

さらに、憤激悲嘆する松陰は、次々と同志へ、絶交状を突きつける。周囲の同志は、憤激悲嘆する松陰を、当惑しながら見守るしかなかった。江戸にいた高杉晋作は、獄中の松陰を思って「日夜思出《おもいだし》落涙仕候《つかまつりそうろう》」「松下先生ニハ書状可差上《さしあぐべし》ト相考度々認候得《あいかんがえたびたびしたためそうらえ》共《ども》ウソニナリ候事カ多ク御座《ござ》候故《そうろうゆえ》ヤメ申候《もうしそうろう》」（安政六年四月朔日付、高杉より久坂に贈る書簡）と述べている。彼らが、松陰に死を周旋できるはずもなかった。

「義卿が崛起の人なり」

「平心」に立ち返る

三月末、松陰は、再び平生を取り戻す。三月末頃の小田村・久保宛書簡で、松陰は、「今平心にて此の書を認む」と「平心」を強調した上で、「何卒《なにとぞ》一死を賜ふ手段を乞ふのみ」と改めて死の周旋を依頼した。その方法は、野村の評定所《ひょうじょうしょ》への喚問を周旋してくれれば、野村は評定所で松陰に言及するであろう、そこで自分が評定所に喚問されれば死罪は自分で得るというものである。松陰は死を求めるが、絶望による死ではなく、再び「勤王の一死」を目指すのである。

四月に入り、松陰は死をめぐって野村と書簡で議論をし、それに品川弥二郎も加わった。四月二日付、野村宛書簡では、小田村・久保に周旋を依頼した勤王の死の意義を、「長門の勤王《きんのう》も満更虚偽でない事を天下へ知らせば死して不朽ではないか」という点と「同志の人々は死友に負《そむ》いてはすまぬと云ふ腹も出来申す」点に認めている。松陰は、入江に説いた長門の三義死の発想と先覚後起の思想に立ち返っている。

ところが、平心になった松陰は、要駕策の一件を死罪に相当しないと考えるようになる。彼は、以前は要駕策を主君に背くもので死罪相当と考え、それ故に死は義死として不朽の名を得るとみていた。いまや要駕策は、それほどの大事ではないし、そもそも未遂でしかないから、到底死罪にはならないとみるのである。

「自然説」

松陰は、この間、思い詰めて自殺を考えたが、そのとき「命が惜しい」（四月一四日付、野村宛）ことに気づいた。彼は、自分ほどの厚い志と深い「時勢の洞観」（同上）をもつものが死に急ぐことはなく、神州日本のために自愛すべきだと考える。松陰の死に対する態度に変化が生じた。彼は、次のような「自然説」を述べる。

他人の評は何ともあれ、自然ときめた。死を求めもせず、死を辞しもせず、獄に在っては獄で出来る事をする、獄を出ては出て出来る事をする。時は云はず勢は云はず、出来る事をして行き当つれば、又獄になりと首の座になりと行く所に行く、吾が公に直に尊攘をなされよといふは無理なり。尊攘の出来る様な事を拵《こしら》へて差上げるがよし。平生の同志は無理に吾が公に尊攘をつき付けて、出来ねば夫《そ》れで自分も止めにする。無理につき付けて見た事是れ迄は義卿《ぎけい》も同様。是れからは手段をかへる（四月二二日頃、入江宛）。

松陰が、「自然と決めた」のは、他人に死の周旋を依頼して自らの死を求めたことへの反省からである。自殺しようとして果たせなかったのは死への恐怖があったのであり、自分で死ねないのに他人に死の周旋を求めることの非情に思い至ったのである。これは、彼が、死への恐怖によって生への執着を抱くに至ったということではない。彼は、死への恐怖をもたないではないが、その恐怖の故に強いて死を避けることはない。とともに、彼は強いて死を求めることもしないのである。彼は、強いて死を求める「苦死」ではなく、「十分死なれる程功を立つる」ことによって死罪を与えられる「甘死」をすることとしたのである（四月頃、野村宛）。死にふさわしい状況で、従容として死ぬことにするわけである。

松陰は、「自然に決めた」ことにより、「死を求めもせず、死を辞しもせず」、そのときそのときにできることをするという。これは、彼に生じた新たな死に対する態度である。彼は、藩主の親試における「籠城戦の大将の心定めの事」の講義のように、常に死の覚悟をもって事に処してつづけてきた。いまは、死の覚悟にかえて「自然ときめた」のである。これは、死を求めもせず、生を求めもしない、死ぬべき時は死に、生きるべき時は生きる、死の覚悟を踏まえてそれを越えた、死生を越える覚悟の境地を示すものである。

「義卿が崛起の人なり」　「自然と決めた」ことには、もう一つの意味がある。それは、尊王攘夷のやり方についてである。獄にあれば獄で出来ることをして、獄を出れば出てできることをするという態度は、尊王攘夷で「無理」をしないこと、具体的には藩主に尊攘を突きつけることをやめ、藩主が尊攘をできるような状況をつくることである。松陰が、「是れからは手段をかへる」というのは、次の言葉にあるように、尊攘の行動をもはや他人を頼むことなく自己が担うことを意味している。

時勢こそとまれかくまれ、義卿が崛起の人なり、放囚さへすれば義卿一人にても遣《や》るなりと云へば粗暴に聞ゆれど、夫れは志なり（四月頃、野村宛）。

自由を奪われて以後の松陰の尊王攘夷は、他者に向かって策を授けて実行を指示するものであった。むろん、それは、幽囚の故ではあったが、同志に「人を強ふる病」を指摘されたように、他者に行動を強制するという性格を免れなかった。松陰は、いまや、尊王攘夷の実行主体は自分自身であると思い定めたのである。

松陰のこれまでの尊王攘夷の方策は、長州藩を動かして朝廷の意思を奉じて諸藩の連携の実現し、幕府の政策転換を求めるというものであった。このとき草莽崛起《そうもうくっき》は、諸藩の広範な連携を生み出すための起爆剤であり、尊王攘夷の主体は藩、幕府、朝廷であった。いま、彼は、長州藩を含めて諸藩、幕府、そして朝廷が、尊王攘夷を実行できる状況にないと考える。

今の幕府今の諸侯勤王攘夷は万々出来ぬと明らむべし。路《みち》あらば死ぬる迄諫争するもよし、路なくば天朝と吾が藩を外より助ける手段に止まるなり（四月七日付、野村宛）。

松陰は、「政府を相手にしたが一生の誤りなり。此の後は屹と草莽と案をかへて今一手段遣って見よう」（四月一四日付、野村宛）と、藩政府を尊攘に向かわせようとした努力を誤りであったとし、食禄に束縛されない草莽を尊王攘夷の主体とみる。「政府は勿論、食禄の人に対しては何も言はぬ」(四月二二日頃、入江宛)、「是の後は決して政府の俗吏へは謀らず、亦官禄に縛さるる類の人へはそしらぬ貌《かお》をして居る。随分上手に遣るなり」(四月頃、野村宛)と、藩政府や在官在禄の人を尊王攘夷の主体とはもはやみない。草莽が、主体的に尊攘を行うことにより、藩主や朝廷が尊攘をする状況をこしらえてやるのである。

現在の国家的危機を克服する主体は、草莽以外にないと見通したとき、当然に松陰自身が草莽としての行動主体となる。ここから、「草莽崛起、豈に他人の力を仮らんや。恐れながら天朝も幕府・吾が藩も入らぬ、只六尺の微躯《びく》が入用」(四月頃、野村宛)という発言も、必然的に出てくる。

このとき、松陰の忠義は、現実の主君・天皇へのものであるよりは、理念的な天皇＝日本国家の存立を支えることとほぼ同義であり、自己の立てる天皇＝日本国家の像への献身なのである。彼の自己は、もはや藩に属するものでも、朝廷への忠義の主体でもなく、理念的な皇国の臣民として純粋化しつつある。いまや、彼の先覚後起の思想は、臣民である自己が、藩主・公家らの先導を必要とすることなく、直接に、あらゆる臣民としての他者に皇国への忠義を呼びかけるものになる。

松陰は、焦燥にかられて行動に出ることはない。彼は、「時は天下にて云はば去る一二月晦日迄《みそか》なり。吾が藩にて云はば今三月五日迄なり」(三月二九日付、小田村・久保・久坂宛)と見極め、すでに時機を失したいまは「世界に居ても当分は仕事はない」(四月二二日以後、品川宛)から、高杉・飯田らの出獄工作を入らぬこととして、獄中で読書に過ごすまでだと判断している。

松陰が、この間に親しんだ書物は、李卓吾《りたくご》の「焚書《ふんしょ》」「続蔵書」である。とくに、「焚書」には、一月頃から親しんでおり、「李卓吾の文面白き事沢山ある中に童心説甚だ妙」（正月二三日以後、入江宛）と述べて、「童心説」の「童心は真心なり」を引いている。五月に、「唯だ真、愛すべく、唯だ真、敬すべし。総べて満世の人の偽なるに似ざれ」（五月四日付、野村和作との往復書簡）と「真」を強調するのも、それに由来する。先の「自然説」も李卓吾に由来していよう。同志諸友と絶交した孤絶と如何ともしがたい閉塞的状況において、松陰は、李卓吾に親しむ中で、童心の真心にもとづく、真としての自然なる生き方に落着したのである。

李卓吾に親しむ

もっとも、松陰は、李卓吾に全面的に傾倒したのではなく、彼の禍を避けることをよしとして無為に傾く老荘的傾向を批判している。松陰における真としての自然は、時に死を賭してもなすべきことをなすという、実践への強い傾動を内に蔵している。だから、松陰は、獄中で社会への働きかけをつづけるのである。

松陰は、四月一〇日から下旬にかけて、品川弥二郎を連絡役にして、増野徳民《ましのとくみん》を萩海上の大島に流されていた安富惣輔《やすとみそうすけ》のところに派遣して、何事かを画策しようとしている。また、松陰は、長崎からの帰途萩に立ち寄った佐久間象山の甥の北山安世に、品川の手引きで四月一一日と二一日に対面している。このとき、「厳囚紀事」と「投獄紀事」を北山に手渡した。これらは、前年安政五年後半の松陰の画策と周布ら藩政府との対立、そして松陰の野山獄再入獄の事情を記したものである。

「時を待つ」

いずれにしても、松陰は、いまは行動の時機ではなく、獄中で自然に無理なくなすべきことをするという態度を固めていた。彼は、「時を待つ」ことにしたのである。彼は、「時を待つと云ふも色々あり、一身の時あり、天下の時あり」（五月一三日、高杉宛）と、天下の情勢が行動すべき時機であれば時を待つことはできないが、自分一身にかかわることであれば時を待つのもよいとする。彼は、しばらく獄中で読書をして過ごすことにした。このように心を決めたものの、閉塞した状況は、松陰の気力を奪った。彼は、右の高杉宛の書簡で「眠たくて読書も多からず、研究の心も大いに乏しく、只だ楽ずきに成りたり」と述べている。だが、彼の知らないところで状況を一変する事態が進行しつつあった。

Ⅵ　不朽なる神

松陰の江戸召喚

松陰の召喚命令出る

四月一九日、町奉行石谷穆清《いしがやあつきよ》は、長州藩に松陰の召喚を言い渡した。長州藩の行相府は、この幕命を国元へ伝えるために長井雅楽《うた》・小倉源五右衛門を派遣することとした。藩政府が懸念したことは、松陰の同志が激昂して、松陰を江戸へ護送する途中に身柄を奪還することであり、松下村塾を中心とする人々の鎮静化に配慮する必要があった。松陰門下の藩医飯田正伯《しょうはく》が、四月二一日に清水図書・長井から松陰召喚の幕命について内密に知らされたのも、この鎮静化の一環である。飯田が、萩にいた久坂玄瑞宛四月二一日付書簡で、次のように述べているのは藩政府の意を体していよう。幕府の処置は近来寛大となっており松陰を死罪にすることはないだろう、今回の召喚は幕府に出頭して公武合体《こうぶがったい》・尊王攘夷《そんのうじょうい》の大議論を展開して幕吏を説得する「好機会」である、同志が松陰を途中で奪還することは藩のためにならないから、松陰が泰然として江戸へ出府するのがよい、と。

長井は、五月一三日頃、萩に着いて松陰喚問の幕命をもたらした。五月一四日、兄杉梅太郎はこの報を伝え聞いて、野山獄《のやまのごく》の松陰に知らせた。高杉に意気の揚がらないことを嘆く書簡を記した翌日である。こうして、松陰の状況は大きく変化するのであるが、ここで松陰の喚問にいたる日本の状況をみることとしよう。

公家の処分

安政五年暮れに攘夷猶予の勅書を得た老中間部《まなべ》詮勝《あきかつ》は、次に、水戸藩への勅諚降下に尽力した皇族・公家の処分問題に従事した。幕府は、左大臣近衛《このえ》忠熙《ただひろ》・右大臣鷹《たか》司輔熙《つかさすけひろ》・前関白鷹司政通《たかつかさまさみち》・前内大臣三条実万《さんじょうさねつむ》の四人をはじめ皇族・公家たちの処分を決意した。孝明天皇は、幕府に寛宥の処置を求めたが、幕府の強硬方針を変更することは困難であった。この処分問題にあたったのは朝廷側では関白九条尚忠《ひさただ》、幕府側では間部・京都所司代酒井忠義《ただあき》であり、島田左近《さこん》や長野主膳《しゅぜん》も処分を促すために活動した。

安政六（一八五九）年二月五日、酒井が提示した幕府の処分案に対して、天皇は右の近衛・鷹司父子・三条の落飾《らくしょく》を食い止めようとして四人の処分を保留し、他の公家たちの処分も穏便にするように九条に命じた。二月一七日、幕府案に沿った処分が、青蓮院宮尊融《しょうれんいんのみやそんゆう》法親王・内大臣一条忠香《ただか》・権大納言二条斉敬《なりゆき》・議奏《ぎそう》久我《こが》建通《たけみち》・武家伝奏《ぶけてんそう》広橋光成《みつしげ》・武家伝奏万里小路《までのこうじ》正房《なおふさ》・議奏《ぎそう》加勢正親町三《おおぎまちさん》条実愛《じょうさねなる》・非参議大原重徳《しげとみ》らに命じられた。ここで、間部は、二月二〇日に京都を発って、三月一三日に江戸に帰着した。酒井は、処分を保留した四人の落飾を求め、九条も幕府案通り処分するように天皇に進言したので、天皇もこれを許可せざるを得なかった。三月二八日、近衛忠熙・鷹司輔熙の辞官が認められ、四月二二日に近衛・鷹司父子・三条の四人に落飾・慎《つつしみ》が命じられた。

水戸の陰謀説

先に逮捕された志士たちは、順次江戸に送られ幕府の吟味掛《ぎんみがかり》の取り調べを受けていた。吟味掛の中には寛大論と厳刑論の対立があったが、井伊大老は、町奉行石谷穆清を支持して厳刑主義をとり、安政六年二月、寛大論の吟味掛を更迭して、吟味掛を強硬論で固めた。二月下旬から三月下旬にかけて、飯泉喜内《いいずみきない》・鵜飼《うがい》父子・小林良典《よしすけ》・池内陶所《とうしょ》・三国大学・橋本左内・梅田雲浜《うんぴん》・頼三樹三郎《らいみきさぶろう》・春日潜庵《かすがせんあん》らが幕府の評定所《ひょうじょうしょ》で訊問《じんもん》された。訊問の主眼は、徳川斉昭を首謀とする反幕府の陰謀を摘発することであった。井伊は、将軍継嗣《けいし》・条約調印・密勅降下をめぐる一連の事態を、斉昭が公家や志士と連携して仕組んだ陰謀であると見ていたのである。

このため、四月二四日、新たに水戸藩家老安島帯刀《あじまたてわき》・右筆頭取茅根伊予之介《ちのねいよのすけ》・勘定奉行鮎沢伊太夫《あゆざわいだゆう》ら水戸藩要路に評定所への出頭を求めた後、拘束した。水戸にいた鮎沢は、五月二日に評定所へ出頭して審理を受け、八月二三日に投獄された。水戸藩要路と鵜飼父子らに対する訊問の要点は、将軍継嗣問題や密勅降下問題における彼らの行動が斉昭の指示によるという自白を得ることにあった。彼らは、斉昭に責任が波及しないように、自分で責任を引き受けようとした。これは、橋本左内が主君松平慶永《よしなが》の命令によって行動したと主張したことと著しい対照をなしている。

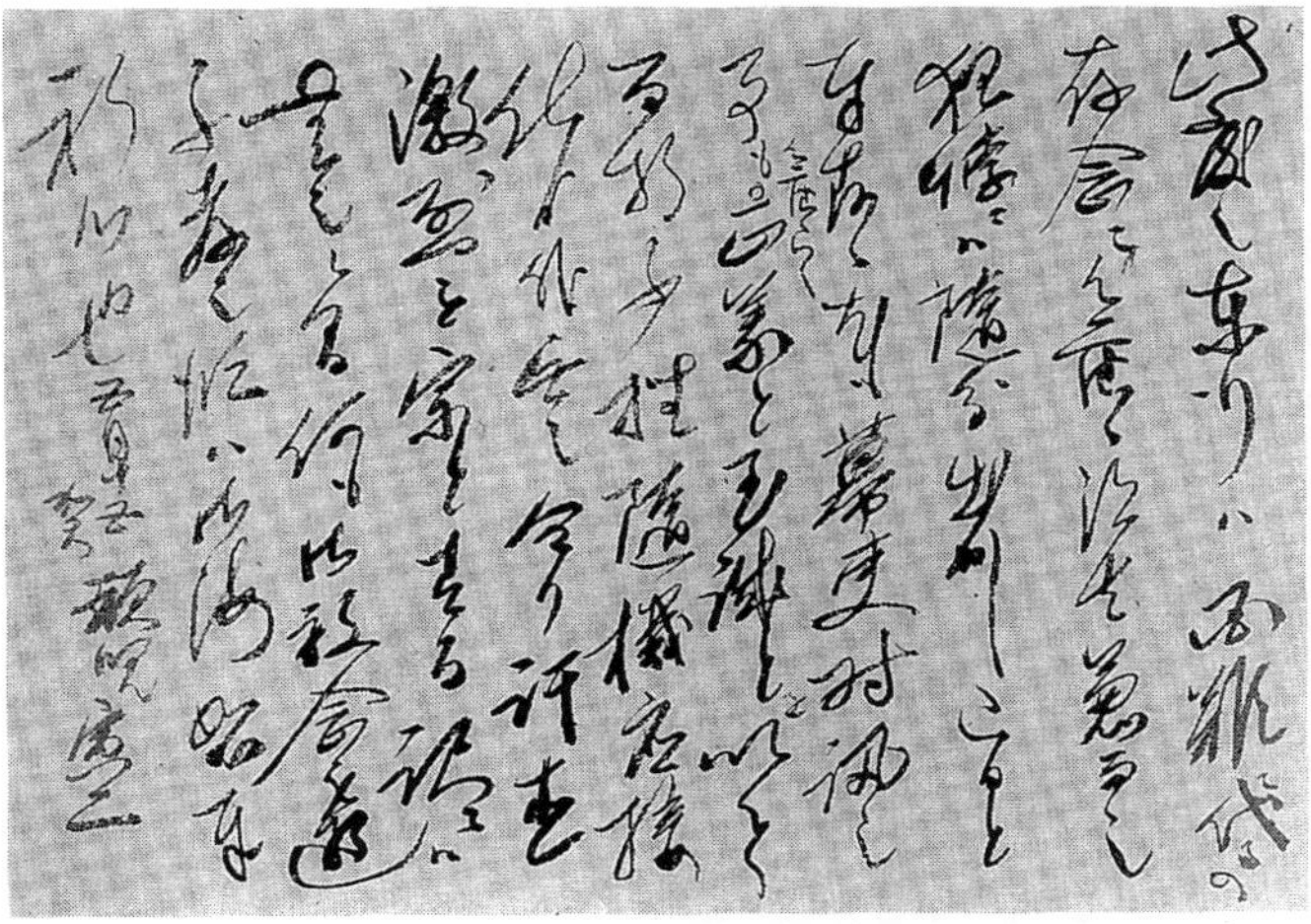

松陰の安政６年５月15日付、父宛書簡。文面は本文参照

「国難に代る」

さて、幕府からの松陰召喚の報に接したとき、松陰も同志門人たちも、飯田が久坂への書簡で述べたように「好機会」が到来したと考えた。五月一四日に松陰に召喚の報を伝えた梅太郎は、同日、彼の召喚を江戸で知った飯田・高杉・尾寺連名の書簡を松陰にもたらした。この書簡には、「願はくは身を以て国難に代り、且《か》つ懇《ねんご》ろに公武を合体するの議を陳《の》べられなば社稷《しやしよく》の大幸なり」とある（「東行前日記」）。松陰は、むろん、同志のいう通りの覚悟であり、父宛の書簡にも、次のように述べている。

此の度の東行は国難に代るの存念に御座候《そうら》へば、兼ての狂悖《きようはい》には随分出かしたると存じ奉り候。尤《もっと》も幕吏対訊《たいじん》の事も御座候はば、正義と至誠とを以て百折挫せず、機に随ひ応接仕《つかまつ》る外之《こ》れなく、全く訐直《けっちょく》激烈を宗とする訳《わけ》には之れなく候間《そうろうあいだ》、何も御放念遊ばされ、不孝の段は御海恕《かいじょ》祈り奉り候なり（安政六年五月一五日付、杉百合之助宛）。藩の評定所《ひょうじょうじょ》に出ることを希望していた松陰としては、幕府の評定所で自己の所見を展開する願ってもない「随分出かしたる」好機会である。だが、長州藩政府は、松陰召喚が藩に累を及ぼすことを恐れていた。

藩政府の懸念　松陰は、藩政府の懸念を払拭するため、安政六年正月二八日に記した「愚按の趣」を長井に届けた。これは、伏見要駕《ようが》策、間部襲撃計画を説明し、さらに、長州藩が幕府より嫌疑をうける点はないこと、間部要撃は松陰一身の計画であり、藩政府はもちろん同志も無罪であり、もし幕府に自分が逮捕されることがあれば藩政府に関係ないことを申し開くと述べている。松陰は、藩に累を及ぼすつもりは毛頭なかったし、また、後に触れるように、藩政府にいらぬ懸念をもたれることを得策でないと考えていた。

松陰の東送を知って、同志門人が、次々に会いにきた。一五日には、梅太郎のほか、土屋・増野・小田村・品川・久坂が来た。松陰も知友も、松陰が必ず死罪になるとは考えなかったが、再び萩に戻れるとも思っていなかった。松陰は、土屋に、これまで書きためた文稿五巻を託して、読むに値するものを「録存」して「叙」を作ることを依頼した。詩稿を口羽徳祐《くちばとくすけ》・久坂に託し、小田村に文稿や書物の整理を依頼した。これは、松陰が、自分の行動と文業は必ずや歴史の中で伝承されていくという明確な意識をもっていたことによる。

「死」と「誠」

五月一五日、松陰は、小田村・久坂らのすすめで、松浦松洞《しょうどう》に肖像画を描かせて、自賛を添えることにした。一六日以後、見知らぬ人の揮毫《きごう》に応じたり、知友への別離の文を書くなど多忙な中、二四日の夕刻までに跋《ばつ》を添えた八種の自賛を作った。この自賛は、わずかな差異を除いて同一で、すべて「至誠にして動かざるは古《いにしえ》より未《いま》だ之《こ》れあらず（至誠不動兮自古未之有）」の語を含んでいる。彼が、この間、訪ねてくる人々に好んで書き与えたのもこの語である。松陰は、誠によって幕府を説得する覚悟である。彼は自己の誠に確信があるのではなく、作間に「此の度此の語の修行仕《つかまつ》る積りなり」（「東行前日記」）と述べている。自己の誠に確信はないが、誠であろうとすることにゆらぎはない。松陰は、安政六年五月一七日付、入江宛書簡で、「死の一字贈致《かたじけな》く候《そうら》へども、吾が志は然《しか》らず」「我が誠徹底せずして死ぬる程ならば、猛士大いに恥辱なり」と、死の覚悟を説く入江に対してあくまでも誠を尽くすと述べている。彼は、死の覚悟をしてはいたが、それだけでなく、誠を尽くして人を動かすことを求めるのである。

永訣の辞

松陰は、父に対して「家大人《かたいじん》に別れ奉る」の詩を作った。そこには、「斯の行独り識る厳君を慰むるを、耳に存す文政十年の詔《みことのり》」とある。父は、幼時の松陰に「文政十年の詔」を誦読して、尊王の志を教えたのであるから、尊王の大義に殉ずる自分を必ずや許容してくれるだろうというのである。兄梅太郎への詩では、兄弟の情愛の深い「鶺鴒《せきれい》」に託して感謝の意を表している。妹の児玉千代・小田村寿・久坂文宛書簡では「拙者此の度仮令《たとい》一命差捨て候とも、国家の御為めに相成る事に候はば本望と申すものに候。両親様へ大不孝の段は先日申し候様其の許《もと》達仰せ合され、拙者代りに御尽し下さるべく候《そうろう》」（安政六年五月一四日付）と父母への孝行を依頼している。彼は、自らは国家のために一命を奉じて不孝ながら忠義を尽くすから、自分の代わりに諸妹に孝行を尽くすことを求めている。これは、一人では果たせない忠孝両全をきょうだいで分担して果たす、入江・野村兄弟においてみた忠孝を実現する仕方と同じである。

「至極心得宜敷く」

さて、藩政府は、松陰の東送に際して、萩の松陰の同志たちや京都辺の大高らが護送途中に彼の身柄を奪うことを懸念して、萩や京都情勢を探っていた。五月二四日に萩の前田孫右衛門から江戸藩邸への報告では、萩の松陰の同志たちが「愁訴歎願」してきたがよく教諭して納得させたとし、松陰自身についても「至極心得宜敷《よろしく》く、御調べの節応答の旨趣書調《かきととの》へ差出し候」と安心している。

松陰は、幕府を相手に大議論をしようと思い定めていたので、幕府からの嫌疑について、藩政府や同志に累が及ばないように、一身の責任として引き受ける態度をとった。それに偽りはなかったが、藩政府をあまり刺激したくなかったのでもある。彼は、東送の折に、藩政府の手で毒殺される危険を案じていた。幕府の取り調べで大いに論弁して死罪になるのなら本望だが、藩政府に危険視されて殺されるのは本意ではない。松陰は、歴史の中に不朽の名をとどめようとするのであるから、「死は随分立派に死なねばならぬ」（五月中旬頃入江と往復）のである。

家族との最後の別れ

五月二四日に藩政府から百合之助へ東送のために松陰の身柄を引き渡すよう命令書が届いた。藩政府は、松陰を野山獄から東送する手はずであったが、かねて松陰に敬服していた司獄の福川は、久坂の要請もあり、独断で松陰の帰宅を許した。二四日の夜は、親族のほか、門人らが駆けつけて永訣をした。妹千代の伝える母の回想によると、母瀧は、松陰が風呂場で湯を使っているところに行って、心の内を語り合い、母が「今江戸に行つても、どうかモウ一度無事な顔を見せて呉れよ」と言うと、松陰は莞爾《かんじ》と微笑《ほほえ》み、「お母さん、みせませうとも、必ず息災《そくさい》な顔をお見せ申しますから、安心してお待ち下さい」（「松陰先生の令妹を訪ふ」及び「家庭の人としての吉田松陰」）とこともなげに答えたという。天野清三郎（後の渡辺蒿蔵）は、二四日に品川が呼びに来たので杉家に行くと、「先生のお母さんが仏壇に燈明をあげながら、無事に帰ってくれと云ったのを聞いた」（「渡辺蒿蔵問答録」）という。

杉瀧。松陰の母

江戸へ向けて出発

五月二五日午前九時頃、雨の中、松陰は、家族に見送られて杉家を出た。家族に「これが御暇乞《おいとまごい》でござんす、どなたも御用心なされませ」といい、玉木文之進へは「をぢさま御用心なされませ」といい、弟敏三郎の手をとって「おまへは物が言へぬが、決してぐちを起さぬやうに、万事堪忍が第一」といった。その後、駕籠を担《かつ》ぐものたちに「皆お世話ぢゃ、頼みますぜ」といって、駕籠に網をかけた「網乗物」に入った。門人の見送りはなかった。乗物の中では緩く手錠をして食事ができるようにしてあり、書物二冊をもっていた（「河村八郎談話」）。いったん野山獄に戻って、そこから出発した。

この日、松陰は、萩南郊外の涙松で「これが萩の見じまひなれば、一寸見せてくれ」というので乗り物の戸を開いて見せると「コレコレ忝い、これで大安心」といった（同上）。ここで、彼は、「帰らじと思ひ定めし旅なればひとしほぬるる涙松かな」という歌を詠んでいる。同じ二五日、百合之助と梅太郎に対してともに「御役召上げ」「相慎み」が命ぜられた。

杉敏三郎。松陰の弟で生来耳が聞こえず口もきけなかった。松陰は常にこの弟のことを配慮していた

江戸へ到着

六月二五日に江戸に着き、松陰の身柄は桜田の長州藩邸に拘禁された。江戸の藩吏は、松陰が幕府に何をいうのか懸念し、

六月二七日、幕府から召喚されたことについて松陰の心当たりを訊問した。これに対して、松陰が幕府への答弁内容を記して提出したものが「此の度私儀」(六、七月頃)・「上書」(七月)である。そこで、松陰は、伏見要駕策の首謀者は自分一人であり、万一やむを得ない時は野村和作一人を引き合いに出すつもりであること、間部襲撃計画についても首謀者は松陰一人であり、もし門人で内容を知らされたものを明らかにせよというときは一両人の名前を出して、藩に累が及ばないようにすると記している(「此の度私儀」)。また、連累をできるだけ少なくするにしても、自分一身を憚《はばか》ることなく、幕府への提言を断固として主張する所存であると述べている(「上書」)。

松陰の幕府への提言の要点は、現時点での開国はアメリカ等の強制による受動的なものであり、国家の独立性と尊厳を否定するものであるから承認できない、しかし、鎖国は日本古来の国法ではなく、海外の状況をよく調査し、国力をととのえた上で交易を積極的に行うべきであるという、彼の持論である。藩政府としては、藩に影響を与えないというのであるから、一応安心したのである。

死罪の自白

第一回の取り調べ

七月九日、幕府評定所《ひょうじょうしょ》への呼び出しがあり、松陰は、井上平右衛門同道で評定所へ出頭し、寺社奉行本荘宗秀《ほんじょうむねひで》・勘定奉行兼町奉行池田頼方《よりかた》・町奉行石谷穆清《いしがやあつきよ》・大目付久貝正典《くがいまさのり》・目付松平久之丞列座で取り調べを受けて、同日、揚屋《あがりや》入りを命ぜられて小伝馬町の牢獄へ入った。松陰への幕府の嫌疑は二つで、一つは、梅田雲浜《うんぴん》が萩に行って松陰と面会したときどのような密議をしたか、二つは、御所内に落とし文があり、その筆跡が松陰のものに似ているといると雲浜らはいっているが、覚えがあるか、というものである。松陰は、この日の取り調べについて、七月九日頃高杉宛書簡に、次のように記している。

第一の雲浜の件について、雲浜が萩に来て面会したとき、自分は雲浜と談論はせず、学問のことを語っただけだというと、奉行は、蟄居《ちっきょ》中のものにわざわざ面会するのは不審ではないかという。そこで、嘉永六年に松陰が京都に上った折に雲浜を訪問したので、雲浜はその返礼に立ち寄ったのだと答えた。

第二の御所への落とし文の件については、松陰は、「狂夫の言」「対策」「時勢論」「大義を議す」などの著述をしているから、これらを誰かが持ち去って御所内に投じれば、そのようなこともあるかもしれないが、自分は幽囚の身であるから上京したことはないし、人を派遣して落とし文もしていない、自分の使う紙と落とし文の紙の様態が違うと述べた。

「寅死罪二あり」

松陰は、幕府による二件の嫌疑については否定したが、その後に問題が生じた。

奉行は、雲浜の門人でもあった赤根武人《たけと》との関係で、松陰を雲浜の一党とみなす気配があった。松陰は、雲浜は尊大で自分を子供扱いするところがあったので、自分は彼とことをともにしようとは思わず、自分は別になそうとすることがあったと、ペリー来航以来のことを弁じ始めた。奉行は、それは嫌疑のほかであるが、述べてみよという。松陰は、喜んで、日米修好通商条約締結交渉の記録書を暗誦《あんしょう》して、これを逐一論駁した。幽囚の身であった松陰が国事に詳しいので奉行は怪しんだが、彼は、自分の同志が百方探索して報知してくれるので国事を知っているのだといって、「寅死罪二あり、皆当《まさ》に自首すべし」とつづけた。

奉行が死罪二つとは何かというので、松陰は、大原重徳の長州西下策と、同志と連判して間部詮《まなべあき》勝《かつ》を詰《なじ》ろうとした件を告白した。彼は、幕府がこの二件を調査済みであろうから明白に申し立てた方がよいと思ったが、話していると相手は全く知らない様子なので、間部要撃を要諌と言いかえ、関与した同志の名を言及しなかった。だが、奉行は、お前は間部を詰ろうとしたというが、間部が聞き入れなかったときには殺害するつもりだったのだろうと断じ、「汝が心誠に国の為にす。然れども間部は大官なり。汝之れを刃せんと欲す、大胆も甚し、覚悟しろ、吟味中揚屋入りを申付くる」と申し渡した。

取り調べの総括

松陰は、露見してもいないことをわざわざ自白してしまったのである。だが、彼は大義を奉ずる自分の行動を語ることを通して、幕府を説得する決意で法廷に臨んだのであるから、遅かれ早かれいずれ陳述することになったと思われる。彼自身そのことを過誤とは思ってはいない。

松陰は、この日の取り調べを次のように総括した。まず、奉行が自分の陳述を聞き入れて二、三の措置をなせば「吾れ死して光あり」、もし何の措置をしなくも自分の誠を理解して死罪を免ずれば「吾れ生きて名あり」、また「酷烈の措置」をとって親戚朋友に罪が波及することになれば「吾れ言ふに忍びずとも亦昇平の惰気を鼓舞するに足る」として「皆妙」である、と。彼は、思っていたことの半分足らずしか陳述できず、役人が陳述したことすべてを記録しなかったのを遺憾に思いはしたが、おおむね満足しているのである（安政六年七月九日頃、高杉宛）。

松陰は、むろん、自分の説得が容易に成功するとは考えていなかったし、揚屋入りを命じられた時点で、死罪を覚悟した。彼は、死罪になる取り調べの際に堂々たる陳述をして、後日、その口上書が天下後世に流布して、人々が興起することを期待したのである。

揚屋入り

さて、小伝馬町の揚屋は、下田密航事件の折に入ったところで、前回は東奥であったが、今回は西奥に入れられた。獄中では、獄卒に旧知のものがいたし、牢の「名主代《なぬしがわ》り」沼崎吉五郎が松陰の名を知っていて格別にもてなしてくれ、初めから「上座の隠居」に据えられたので苦労はなかった。松陰は、その返礼をする必要があり、江戸にいた高杉・飯田に金の差し入れを依頼している。獄外で、高杉・飯田・尾寺らが、金策・書物文具の差し入れ・書簡の往来等を、細心の注意をもって取り計らってくれた。

松陰は、この獄でも、沼崎に頼まれて「孫子」の講義をしたり、高杉と書簡で問答をしたりして愉快に過ごした。ここでは、高杉との死をめぐる問答を、少しみておくことにしよう。

高杉は「丈夫死すべき所如何《いかん》」を問うた。これに対して、松陰は、李卓吾《りたくご》の「焚書《ふんしょ》」によることとして「死は好むべきにも非《あら》ず、亦悪《にく》むべきにも非ず、道尽き心安んずる、便ち之れ死所」という。これは、四月の「自然説」を受けている。そして、「死して不朽の見込あらばいつでも死ぬべし。生きて大業の見込あらばいつでも生くべし。僕が所見にては生死は度外に措《お》きて唯だ言ふべきを言ふのみ」というのは、評定所に向かう松陰の心境をそのままに語るものであろう（安政六年七月中旬、高杉宛）。

幕府の衰退を知る

この同じ高杉宛書簡で、松陰は、幕府の現状について鋭い洞察を示しているが、彼は、幕府が衰退していることの認識を、この獄内で得た情報によってもつことができた。

○在獄の愉快は天下の事能く相分るなり。徳川の衰尤《もっと》も能く相分るなり。六年前は滞囚少なく候《そうろう》所、近来滞囚甚だ多し、是れ一徴なり。○此の度の一条を獄中にては喜内一件とも珍書一件とも相唱へ候。是れは飯積《(ママ)》喜内と申すもの世間の珍書異聞を取集め京師《けいし》諸国へ取遣り致し候段、彦根侯の耳に入り召捕へられ牢入り、夫《そ》れより事広く相成り候故にかく申すなり。珍書の獄最初は容易ならざる儀企て候様彦根の過慮なり。而して捕らへらるる人々は皆無識の異聞か計りにて、御吟味も御疑念のみにて是れ一つ取留めたる事なし。実に捧腹《ほうふく》の至りなり（安政六年八月一三日付、久保清太郎・久坂玄瑞宛）。

松陰は、在獄の政治犯から日本の全体的な状況についての情報を手に入れ、また、前回の入獄時に比して在獄者の多いことからも、幕府の衰退を知ることができた。そして、今回の大弾圧が飯泉《いいずみ》喜内《きない》の「珍書」収集に端を発したもので、井伊は陰謀があると思い過ごしたが、その誤りが明らかになりつつあるとみた。

京師《けいし》の一条も幕府最初の思ひ過《あやまち》にて、追々糺明《きゅうめい》あらば左まで不軌《ふき》を謀りたる訳《わけ》に之《こ》れなく候へば今又少しく悔《く》ゆ。（中略）京師の一条に付き投獄の人少なからず、此の獄皆失策なり（安政六年七月中旬、高杉宛）。

松陰は、「京師の一条」つまり安政の大獄が、幕府の不確かな根拠にもとづく憶測によるものであり、すべて失策であるとみる。彼は、井伊らの水戸陰謀説の誤りを見抜いたのである。

また、松陰は、かねて幕府がアメリカの力を支えに国内の批判勢力に対抗して自らの政治的主導権を保持しているとみていたが、いま幕府がそれを「悔悟《かいご》」しているという。幕府がアメリカを利用してもこれを制圧する主体的な力量がなければ、衰亡するほかはない。彼は、幕府がアメリカに屈服したために国内政治において苦境に陥っていることを悔悟しているとも述べている。松陰は幕府の衰退をはっきりと認識した。

獄中で志士と書簡を往来する

松陰は、獄中で、多くの志ある人々と出会い、主に書簡によって意見を交換した。松陰が書簡を往来した相手には水戸藩の堀江克之助・鮎沢伊太夫、和蘭通詞《おらんだつうじ》の堀達之助がおり、小林良典《よしすけ》・長谷川速水《はやみ》・勝野保三郎らとは、期間の多少はあるが同室となって直接議論をすることができた。もっとも書簡の往来が多かった相手は堀江である。堀江は、将軍に面会を求めたハリスを要撃しようと計画したが、事前に露見して挫折し、幕府に自首して安政五年一二月より小伝馬町の牢獄にあった。松陰は、彼らと知り合うことで、日本には有為の人材が多くおり、幕府の衰退している現在、世の中にまだやるべきことがあると思い知ったのである。

第二回の取り調べ

さて、七月九日の取り調べの後、約二か月間、呼び出しはなく、第二回目の評定所における取り調べは、九月五日に行われた。取り調べにあたったのは吟味役であった。この時の取り調べについて、松陰は、九月六日付、堀江宛書簡で詳しく説明している。それによると、召喚の理由であった雲浜との関係や御所の落とし文について再び訊問《じんもん》があり、松陰は前回と同様の回答をした。自分から告白した大原西下策と間部要撃策については、前者については訊問がなく、後者については再び諫争ではなく刃傷に及ぶつもりだったのであろうと追及されたが、松陰は、諫争で通した。それは、一つには、未遂であったのに討ち果たそうとしたと述べるのは自分の行為を誇大に語ることになると思ったからである。それとともに、諫争で通したのは、今回の取り調べが好意的で寛大であり、死刑に処せられるとは思われなかったので、厳刑を受ける方針をとることもないと考えたのである。厳刑を受けるとなると門人に波及することも考慮した。松陰は、自分の処分について楽観的な見通しをもっていた。

第三回の取り調べ

第三回の取り調べは、一〇月五日に行われた。この時も取り調べにあたったのは吟味役である。安政六年一〇月六日付、飯田正伯宛書簡によると、評定所の取り調べはやはり好意的で寛大であった。間部襲撃も諫争ということで決着して、連判状の人名の取り調べもなかった。松陰は、「小生落着如何《らくちゃくいかん》は未《いま》だ知るべからず。死罪は免《まぬ》かるべし、遠島にも非《あら》ざるべし。追放は至願なれども恐らくは亦然《しか》らざらん。然れば重ければ他家預け、軽ければ旧に仍《よ》るなり」と楽観的な見通しを述べている。

一〇月七日、橋本左内・頼三樹三郎・飯泉喜内の三人が処刑され、直ちにその報は松陰に伝えられた。彼が、その処刑の報を聞いて作った歌三首の内の一首。

国のため打たれし人の名は永く後の世までも談《かた》り伝《つた》へん

この時点で、松陰は、幕府の厳しさを認識し始めるが、なお自分が死罪になるとは思っていない。一〇月八日付、高杉宛書簡で、次のように述べている。

橋本と頼《らい》は幕《ばく》に憚《はばか》つて斬つたも尤《もっと》もなれど、飯泉喜内を斬つたは無益《むえき》の殺生《せっしょう》、夫《そ》れはとまれ喜内を斬る程では回も斬られずとも遠島は免かれずと覚悟致し候(回は二十一回猛士松陰のこと)。

松陰は、自分への判決について死一等を軽減して遠島と予想した。この予想は、取り調べで間部要撃を諫争と処置したことを「三奉行の慈悲」であると受けとめたことによる。この二回の取り調べでの吟味役の寛大な態度に応じて、松陰も幕府の政策を論難することを避けた。これは、同志への波及を恐れてのことであるが、それだけではない。この時点で幕府を論難して敢えて死を選ぶよりは、生きられるものなら生きようと考えたのである。これは、江戸獄で天下の形勢を知るに及んで心境の変化をきたしたことによる。幕府の衰退を認識し、日本のためになすべきことがあると知ったが故に、松陰は、幕吏の寛大さに乗じて生きられるものなら生きようとしたのである。

死罪を確信する

さて、一〇月一六日、松陰の楽観的見通しを覆《くつがえ》す事態が起こった。この日は、評定所に三奉行が出座して「口上書」を読み聞かせ、それへ松陰が「書判《かきはん》」をした。この時の経緯は、一〇月一七日付、尾寺新之丞宛書簡に詳しい。それによると、読み聞かせられた口上書には、間部へ諫争して聞き入れられないときは「刺し違へ」る所存であり、警護の人々が邪魔だてするときは「切払ひ」て近づこうとしたとある。松陰は、この「刺し違へ」「切払ひ」の点について大いに反論したところ、いったん松陰の件は打ち切り、後にまた申し渡すことになって、他の人々の読み聞かせの後に再び呼び出しがあった。

今度の口上書には「刺し違へ」は除かれていたが「切払ひ」は残っていた。そこで、松陰はまた大いに反論すると、奉行は、口上はどう違っても罪科の軽重にかかわりはないから申し出の通りにしようといい、「末文」のところを二度読み聞かせた。

末文の処「公儀に対し不敬の至り」と申す文あり、「御吟味を受け誤り入り奉り候《そうろう》」と申す文あり。迚《とて》も生路《いきみち》はなきことと覚悟致し候（一〇月一七日付、尾寺新之丞宛書簡）。

松陰は、死罪を覚悟した。九月五日と一〇月五日の吟味役の温柔で慈悲深そうな態度は、彼を欺いて陳述を引き出す策略であり、二度の吟味役の態度を好意的で寛大なものとみたことは、松陰の全くの誤解であった。それは、彼の人を信じやすい性格によるとともに、下田密航事件の際の経験によるところもあった。下田事件の時には、幕吏は、松陰の憂国の志に同情して好意的な態度をとってくれた。彼は、今回の吟味役の外見的な慈悲深さを、前と同じように、自分の憂国の志を汲み取ったものと思いこんだのである。

松陰は、死罪を確信し、「鵜飼《うがい》や頼・橋本なんどの名士と同じく死罪なれば、小生においては本望なり」、「天下後世の賢者吾が志を知つて呉れよかし」（同上）と述べる。彼の心は、いまや歴史の中で「不朽の人となる」ことに向いている。

「留魂録」

永訣の書

一〇日以内に処刑があると覚悟した松陰は、死に向けて準備を始める。一七日、獄の東口の名主である堀達之助に書簡を送って、同室の勝野森之助・堀江克之助・小林良典への伝言などを依頼した。ついで、父百合之助・叔父文之進・兄梅太郎に宛てていよいよ最後の永訣の書を書いた。

平生の学問浅薄にして至誠天地を感格すること出来申さず、非常の変に立到《たちいた》り申し候《そうろう》。嘸々《さぞさぞ》御愁傷《ごしゅうしょう》も遊ばさるべく拝察仕《つかまつ》り候。

親思ふこころにまさる親ごころけふの音づれ何と聞くらん

さりながら去年十月六日（正しくは一一月六日）差上げ置き候書、得《とく》と御覧遊ばされ候はば左《さ》迄《まで》御愁傷にも及び申さずと存じ奉り候。尚ほ又当五月出立の節心事一々申上げ置き候事に付き、今更何も思ひ残し候事御座なく候（安政六年一〇月二〇日付、父叔兄宛）。

松陰は、自分の誠の不足のため死罪という結果になり、親族としては愁傷するであろうが、昨年

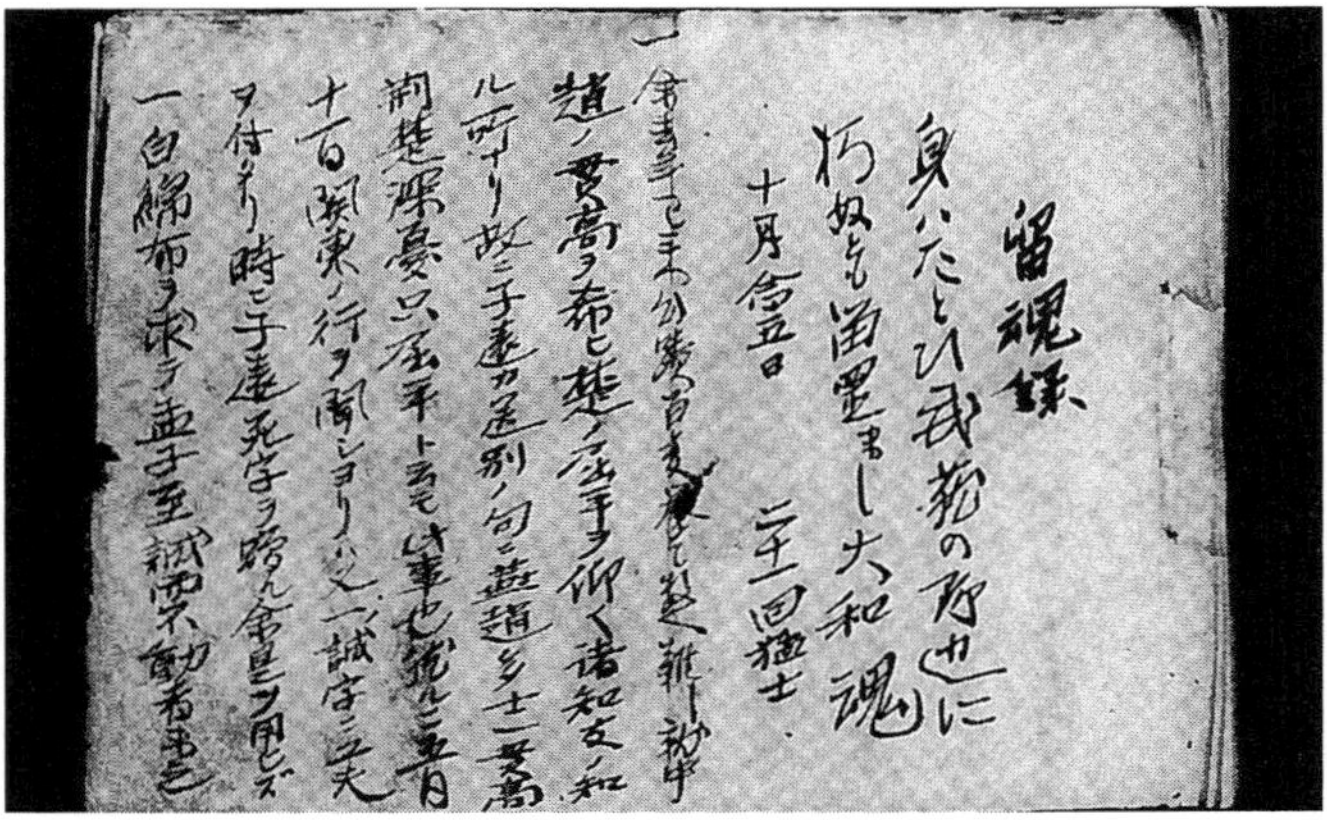

「留魂録」。処刑を覚悟して記した諸友への永訣の書。死を前にして澄み切った心境とあふれる現実社会への関心とがコントラストをなす

間部襲撃計画の際に一一月六日付書簡で永訣をした趣旨を読んでくれれば、はなはだ愁傷することもないであろうと述べている。すでに死を覚悟した身であり、しかも、今回の死は忠義の死であるからさほど悲しむことではない、それに、五月の東送の出発の際に「心事」を述べたからいまさら改めて書くことはないとも述べている。自らの死後について、次のように処置してくれるように遺言した。

> 私首《くび》は江戸に葬り、家祭《かさい》には私平生《へいぜい》用ひ候硯《すずり》と、去年十月六日（正しくは一一月六日）呈上仕り候書とを神主《しんしゅ》と成され候様頼み奉り候。硯は己酉《きゆう》の七月か、赤間関廻浦《あかまがせきかいほ》の節買得せしなり、十年余著述助けたる功臣なり。
>
> 松陰二十一回猛士とのみ記し頼み奉り候。

松陰は、一〇月二〇日付、尾寺・飯田宛書簡で、首を葬ることは沼崎吉五郎と堀江に頼んであること、その費用に関することを記し、小林・鮎沢の紹介を

している。同日付、入江宛書簡では、かねての志であった大学校をつくることを依頼している。京都に尊攘堂という大学校をつくり、天子親王公卿から武家士民に至るまで入寮寄宿できるようにして、朝廷の学風を天下の人々に知らせるにようにすること、尊王攘夷を眼目として何人の書でも何人の学でも長ずるところをとるようにすることを指示している。死を前にして現実社会への関心があふれている。

「留魂録」　死を前にした松陰の境地を凝集して示すものは、「留魂録《りゅうこんろく》」である。「留魂録」は、一〇月二五日から書き始めて二六日の黄昏に書き終えた。冒頭に、次の歌を記している。

身はたとひ武蔵の野辺に朽ちぬとも留《とど》め置かまし大和魂

ついで、東送の折、入江が死の一字を贈ったのに対して、自分は誠の字を工夫の眼目とすることにして、「至誠にして動かざる者は未《いま》だ之《こ》れ有らざるなり」の一句を書いて、これを手巾《しゅきん》に縫いつけて携えてきたが、いまここに立ち至ったのは、誠の不足であると反省している。この反省は、具体的には、評定所における幕府への論難の不足にかかわる。彼は、違勅調印などの幕府の処置を直接論難せず、幕府の処置は一応やむを得なかったこととして、その上で現在とるべき処置を提案する方針をとった。薩摩《さつま》の日下部伊三次《くさかべいそうじ》は、当今政治の欠点を列挙して幕吏を激怒させ、「死罪を得ると雖《いえど》も悔いざるなり」と述べた。松陰は、この点で自分は日下部には及ばないとし、入江が死の覚悟を勧めたのは、日下部のようにすることを求めたのであろうが、自分の態度の当否の評価を後世に委ねるとしている。

松陰が、幕吏をきびしく論難する道を選ばなかったのは、生きられるものならば生きようとしていたからである。幕吏を激怒させることなく説得できればそれでよし、説得できなくとも激怒させないようにして、生き延びられればそれもよい。彼は、死生を自然に任せたのである。四月に得た死生を越える覚悟である。

吉田松陰の墓。東京都世田谷区若林4丁目の東京松陰神社に隣接してある

「死を決するの安心」

死生を自然に任せた松陰は、死を前にして生を願うことのない澄み切った心境を平生の学問の力によるとしている。この死を前にした安心を、次のように述べている。

今日死を決するの安心は四時の順環に於《おい》て得る所あり。蓋《けだ》し彼の禾稼《かか》を見るに、春種し、夏苗し、秋刈り、冬蔵す。秋冬に至れば人皆其の歳功《さいこう》の成るを悦《よろこ》び、酒を造り醴《れい》を為《つく》り、村野《そんや》歓声あり。未だ曾《かつ》て西成《せいせい》に臨んで歳功の終るを哀しむものを聞かず。吾れ行年《こうねん》三十、一事成ることなくして死して禾稼の未だ秀《ひい》でず実らざるに似たれば惜しむべきに似たり。然れども義卿《ぎけい》の身を以て云へば、是れ秀実の時なり、何ぞ必ずしも哀しまん。何となれば人寿は定りなし。禾稼の必ず四時を経る如きに非ず。十歳にして死する者は十歳中自ら四時あり。二十は自ら二十の四時あり。三十は自ら三十の四時あり。五十、百は自ら五十、百の四時あり。（中略）義卿三十、四時已《すで》に備はる、亦秀《ひい》で亦実る、其の秕《しいな》たると其の粟《ぞく》たると吾が知る所に非《あら》ず。若《も》し同志の士其の微衷《びちゅう》を憐み継紹《けいしょう》の人あらば、乃《すなわ》ち後来《こうらい》の種子未《いま》だ絶えず、自ら禾稼《かか》の有年《ゆうねん》に恥ぢざるなり。同志其れ是れを考思せよ（「留魂録《りゅうこんろく》」）。

松陰は、「禾稼」すなわち穀物の一年間で完結する生長と実りに人の生をたとえて、自らの生を一つの完結した生として語る。そして穀物の種子が絶えることなく、花咲き実をつけるように、後につづくことを同志に期待しているのである。

さらに、同志に宛てて、「天下の事を成すは天下有志の士と志を通ずるに非ざれば得ず」という趣旨から、獄中で知り合った堀江・鮎沢・小林・長谷川宗右衛門（速水の父）・神官の鈴鹿石州と鈴鹿筑州・山口三輪・勝野保三郎・勝野豊作（保三郎の父）を紹介し、また、彼らに小田村・中谷・久保・久坂・入江・野村らのことを告知しておいたと記している。そして、京都に大学校を設立する構想についても説明している。松陰は、あくまで現実社会への働きかけをつづけ、種子を蒔《ま》きつづけたのである。

「留魂録」を書き終わったのが二六日黄昏であり、その末尾に歌を五首記した。その内の二首。

山口県萩市椿東にある松陰神社。神体は、松陰の遺言にしたがって、硯と安政５年11月６日付、父・兄・叔父宛ての永訣の書である

呼びだしの声まつ外に今の世に
　待つべき事のなかりけるかな
七たびも生きかへりつつ夷をば
　攘《はら》はんこころ吾れ忘れめや

処　刑

安政六年一〇月二七日の朝、松陰は、評定所に呼び出しを受け、その声を聞いて懐紙に認めた一首。

　此程に思定めし出立をけふきくこそ嬉しかりける

第四句が字足らずであるのに気づいたときには、警吏に引き立てられるところであったので、「きく」の横に「ゝ」を打って筆を置いた。

評定所では、本荘宗秀《ほんじょうむねひで》・池田頼方《よりかた》・石谷穆清《いしがやあつきよ》・久貝《くがい》正典《まさのり》・松平久之丞《ひさのじょう》列座の上、死罪の申し渡しがあった。

この日判決を受けた、日下部伊三次（前年末病没）の子裕之進・長谷川宗右衛門速水《はやみ》父子・勝野森之助保三郎兄弟ら志士たちの中で唯一の、そして安政の大獄における最後の死罪であった。三奉行の見込書は流罪であったが、井伊が死罪と改めたともいう。このときの様子について、長州藩を代表して評定所に出て判決に立ち会った小幡彦七は、次のような回想を記している。松陰へ死罪申し渡しの後、警吏に「『立ちませ』と促されて、松陰は起立し、小幡の方に向ひ微笑を含んで一礼し、再び潜戸を出づ。その直後朗々として吟誦《ぎんしょう》の声あり、曰く、『吾今為国死。死不負君親。悠々天地事。鑑照在明神』と」(「小幡高政談」)、と。

この後、小伝馬町の牢獄に戻り、西奥の同室の人々に一礼して東奥に行き堀江克之助・長谷川宗右衛門・小林良典《よしすけ》らと顔を合わせたが、獄中では言葉を交わすことができず、大音声で辞世の詩歌を三回繰り返し吟じた。それを同志らが筆記したものは、すでにみたものであるが再掲しておく。

身はたとひ武蔵の野辺に朽ちぬとも留《とど》め置かまし大和魂

吾れ今国の為に死す　死して君親に負《そむ》かず　悠々たり天地の事　鑑照、明神に在り

この後、松陰は、獄内にある刑場で、一〇月二七日午前一〇時頃、一説には正午頃、斬首された。

このときの松陰の態度については、次のような報告がある。

吉田松陰が江戸に於て首を斬られた其の最後の態度は、実に堂々たるものであった。松陰の首を斬った当の本人は、先年まで居って、四谷に居った。其の人の話によると、愈々首を斬る刹那の松陰の態度は真にあっぱれなものであったと云ふ事である。悠々として歩を運んで来て、役人共に一揖し、「御苦労様」と言って端坐した。其の一絲乱れざる、堂々たる態度は、幕吏も深く感嘆した(大正一三年二月某日「松村介石所説」)。

ここで、松陰を斬首してその態度の立派であったことを証言しているのは、山田浅右衛門である。

埋葬

松陰遺骸の引き取りには、飯田正伯《しょうはく》・尾寺新之丞が奔走した。二人は、牢役人と苦心の交渉をして、二日後の二九日午後四時頃、千住小塚原《こづかっぱら》の回向院《えこういん》で幕吏からようやく遺骸を受け取った。このとき立ち会ったのは、飯田・尾寺のほか、桂小五郎・伊藤利助である。遺骸は四斗桶の中に血だらけで裸身のままであり、四人は、首と体をよく洗い、飯田の黒羽二重の下衣と桂の襦袢を体に纏わせ、伊藤の帯で結んで、首を体の上において甕《かめ》に収めて、橋本左内の墓の隣に葬った。獄吏への賄賂《わいろ》や獄中の志士らへの礼金、埋葬料などの経費には、周布政之助・北条瀬兵衛の好意により、公金二〇両余りが支出された。

翌一一月一七日以後、飯田・尾寺が尽力して墓碑を立てた。その後、碑の正面中央に「松陰二十一回猛士墓」、その右肩に「安政己未十月念七日死」、その左裾に「吉田寅次郎行年三十歳」と彫った。また、右側面に「吾今為国死」の詩、左側面に「身はたとひ」の歌を刻んだともいう。ところが、この碑は、幕府が回向院内の志士の墓碑を破棄する命令を出した折りに撤去されてしまう。

改葬

文久《ぶんきゅう》二（一八六二）年八月、安政の大獄で罪を受けたものの名誉回復をする勅書が下ったので、久坂玄瑞《くさかげんずい》が松陰の墓の上に碑を立てた。ところが、小塚原は刑死者の骨を埋める場所で、松陰のような忠烈の士の骨を安んずるべきでないと改葬の提案が出され、長州藩別邸のあった武蔵国荏原《えばら》郡若林《わかばやし》村の大夫山《だいぶ》へ遺骨を移すこととした。この改葬を主宰したのは、高杉晋作・伊藤利助・山尾庸三《ようぞう》・白井小助《こすけ》・赤根武人《たけと》らである。文久三年正月五日、松陰の遺骨とともに回向院で墓域を接していた頼三樹三郎と小林良典《よしすけ》の遺骨も大夫山へ改葬した。高杉らは、数日後、松陰の墓の隣に来原良蔵《くりはらりょうぞう》の墓も芝の青松寺《せいしょうじ》から移した。ところが、元治元（一八六四）年七月、長州藩が禁門の変で敗北すると、幕府は大夫山の別邸を破壊した上に、松陰らの墓を破壊した。

二つの松陰神社　不朽なる神　明治維新が成った明治元（一八六八）年、藩命により木戸孝允《たかよし》（桂小五郎）が主宰して大夫山の松陰らの墓に碑を建て、さらに中谷正亮《なかたにしょうすけ》の墓や禁門の変などで殉難した四五人の招魂碑を建てた。このようにして松陰の墓は落着をみる。

明治一五（一八八二）年、毛利元徳《もとのり》（慶親《よしちか》の子）をはじめとして松陰の門人旧知のものが松陰の墓域に隣接して松陰神社を創建することを計画し、一一月二〇日落成、二一日祭典を行った。すでに太陽暦に切り替わっていたが、この日は、旧暦でいえば松陰の死後二四年目の一〇月二七日にあたっていた。他方、萩では松陰刑死後の百箇日にあたる安政七（一八六〇）年二月七日、団子岩の生誕地に隣接する場所に、杉家の人々と門人らが松陰の遺髪を埋葬して墓碑を建てた。明治二三（一八九〇）年八月、松下村塾の改修の際、松陰の霊を祀る小祠を建てて松陰の遺著遺品を収めたが、伊藤博文・野村靖（和作）らがこれを改築して、明治四〇（一九〇七）年一〇月四日、松陰神社を創建した。吉田松陰は、不朽なる神として奉祀されている。

おわりに——吉田松陰と現代

吉田松陰は、徳川日本の封建社会のエートスを転換して、新しい近代的といえるエートスを生み出した。それは、自己と社会とのかかわりについての思想としてあらわれている。彼は、分離・差別を本質的属性としてもつ封建的な地域・組織・秩序・規範などを相対化して、大いなる日本国家・「皇国」の理念を提示し、日本列島に生きるすべての人々を天皇の臣民たり得る存在として倫理的に等質性をもつものとした。この日本国家は、天皇統治を核心とするところに独自性と尊厳性をもつものであり、その尊厳性は国際社会に雄飛することにより充実し、臣民としての自己はこの海外雄飛の使命を担う存在であるというのである。このとき臣民の自己は、光輝ある国家と一体化することにおいて、自己確信を得る。絶対的な国家に従属することで絶対性の自覚をもつ臣民の内面的態度、これが、近代的なエートスである。

松陰の提示した「皇国」の雄飛とそれを担う臣民としての自覚というエートスは、明治維新後の近代日本において正統的なエートスの位置を占めるようになり、近代日本国家の存立を精神的に支えるものであった。それは、現代に至るまでも人々の内面に生きつづけている。だが、現代日本の課題は、このような日本国家と臣民のエートスを相対化すること、ナショナリズムの超克ではないだろうか。

松陰におけるエートスの転換は、西洋列強による圧迫という日本社会の存亡の危機という歴史的状況への応答の中で生じたことである。だが、現代日本における問題は、逆に、日本人が平和的経済的に海外雄飛をはかることで諸外国を圧迫し、国際交流の中にある人々相互の対立の要因となっていることである。過去の日本の軍事的侵略もさることながら、現代における高度に進んだ国際交流の中での日本国家と臣民の特権化が、他の諸国・他の地域の人々を圧迫していることの痛切な認識が肝要である。つまりは、近代的な国家概念と臣民としての自己意識の相対化が必要である。

現代は、主権国家が地球を割拠分立しているが、種々の領域において着実にボーダレス化が進行しつつある。この傾向は、時に逆行の様相を呈するにしても、抑止しがたいものであろう。近代的な国家概念と臣民としての自己意識の相対化は、現実の動きの中に生起しつつあり、いまや、その自覚的な遂行が要請されているのである。

この近代的な国家と臣民の理念の自覚的な相対化のために、松陰の生涯と思想は教えるところがある。彼は、「学問」つまり知的営為において極めて貪婪《どんらん》であった。この知的営為が、観念的な遊戯に堕することがなかったのは、「実行」と結びついていたからである。彼は、知識は実行の中で検証され、具体化されなくてはならないことをよく知っていた。

このように、松陰において、認識と実践との統一がもののみごとに実現しているのは、彼の「立志」の重視による。立志とは、志を立てることであり、自己にとっての尊貴なるものへの志向である。それは、自己にとっての理想、価値理念への志向であり、つまりは主体的な価値理念の実現への志向である。この価値理念の実現への志向が、知的認識と具体的実践への傾動を、そして両者の相互反照的検証を喚起するのである。

松陰は、この主体的な価値理念にもとづく認識と実践への傾動の中で、現実とのきびしい緊張関係に立つ。そのことが、彼における眼前の封建社会の秩序・規範・権威の相対化を可能にしたのである。だが、ことはそれだけではすまない。

価値理念への志向はその具体化された現実との緊張にたたざるを得ない。松陰は、皇国日本を支える営為としての「勤王」や「忠義」の意味が一義的ではあり得ず、例えば真の勤王と偽の勤王という対立のあることを意識していた。彼は、皇国と臣民の理念の提示は、それだけで理念の提示者の正当性を保証するものではなく、理念はその具体化された現実において、理念としての検証を促されるという事情に逢着していたのである。

このようにみると、松陰は、彼自身が予示し、やがて近代日本へと継承された、皇国日本の臣民というエートスとは、微妙にずれる位置にいたことがわかる。彼は、近代日本の出発の時点で、皇国日本と臣民の理念が現実との間にもつ懸隔を意識しつつあったのであり、その意味で、近代日本を批判し得る視座をもちつつあった。それは、松陰における「立志」「実行」「学問」の主張が、主体的価値理念への志向にもとづく認識と実践の統一の要請を含むものであり、理念と現実の絶えざる葛藤を呼び起こすものであったからである。

そもそも、松陰は、多様な葛藤を体現している。攘夷論者にして開国論者、兵学者にして経学者、忠義なる脱藩者、霊神を敬信する現実主義者、尊王論者にして非差別論者、誠実な政治家、束縛された行動家。これらの葛藤は、理念と現実との葛藤それ自体からくるだけでなく、人間存在が抱え込んでいる本質としての葛藤のあらわれでもある。松陰は、主体的な価値理念の実現への志向のもとで、時代の与える課題に対して正面から全力で応答する中で、人間の本質的性格を鮮やかに開示したのである。

吉田松陰がわれわれに教えるのは、時代の課題に応答するものは、理念と現実とのはざまで揺れ動きながら、もろもろの葛藤を引き受けて生きるほかはないということ、われわれが永遠に過渡的存在であるということである。

彼は、永遠に過渡的存在であるわれわれのあり方を、時代の課題と徹底的に格闘することで、鋭く、そして豊饒《ほうじょう》に開示した。われわれは、われわれの時代の固有の課題に応答する中で、自らの葛藤を引き受けなくてはならない。そのとき、吉田松陰の生涯と思想は、くり返して学ぶに値するものとして、われわれの前にある。

吉田松陰年譜

年齢は数え年、日付は旧暦である。

西暦	年号	干支	年齢	吉田松陰の事歴	関連事項
一八三〇年	文政一三 二月一〇日改元天保元年となる	庚寅	一歳	八月四日（陽暦九月二〇日）、長門国萩松本村護国山の麓、団子岩に生まれる。現在の萩市椿東字椎原《ちんとうあざしいばら》。長州藩士父杉百合之助常道（家禄二六石）と母瀧《たき》の次男。名は虎之助、名は矩方《のりかた》、字《あざな》は義卿《ぎけい》または子義《しぎ》、松陰・二十一回猛士と号する。	百合之助二七歳・瀧二四歳・兄梅太郎三歳・叔父吉田大助二四歳・叔父玉木文之進二一歳。文之進は杉家に同居。
	天保二	辛卯	二		七月、長州藩天保大一揆始まる。
一八三二	天保三	壬辰	三		妹千代、生まれる。
一八三四	天保五	甲午	五	叔父吉田大助の仮養子となる。吉田家は家禄五七石六斗で山鹿流《やまがりゅう》兵学師範として代々長州藩主毛利家に仕える。	
一八三五	天保六	乙未	六	四月三日、吉田大助没する。二九歳。 六月、吉田家を嗣《つ》ぐ。なお杉家に同居。 この年、大次郎と改名。	
一八三七	天保八	丁酉	八		二月、大塩平八郎の乱。 四月、藩主毛利敬親《たかちか》襲封。

一八三八	天保九	戊戌	九	一月、家学教授見習として藩校明倫館《めいりんかん》に出勤する。	六月、敬親、名を慶親《よしちか》と改む。 六月、米船モリソン号浦賀入港。 玉木文之進、結婚。 玉木、杉家内に新居を営む。
一八三九	天保一〇	己亥	一〇	一一月、明倫館に出勤して初めて家学教授をする。	妹寿、生まれる。 玉木、杉家を離れ松本村新道の借宅に移る。
一八四〇	天保一一	庚子	一一	四月、藩主の前で「武教全書」戦法篇三戦を講ずる。波多野源左衛門に馬術を学ぶ。	この年、中国でアヘン戦争起こる。
一八四一	天保一二	辛丑	一二		妹艶、生まれる。
一八四二	天保一三	壬寅	一三		この年、玉木文之進、松本村新道の自宅に松下村塾を開く。 この年、南京条約締結、清国は英国に香港を割譲する。
一八四三	天保一四	癸卯	一四		妹文、生まれる。 妹艶、没する。三歳。

一八四四	天保一五 一二・二に改元弘化元年となる	甲辰	一五	九月、藩主の親試があり、「武教全書」及び「孫子」虚実篇を講じて賞される。	七月、オランダ国王、親書で幕府に開国を勧める。 この年、久保五郎左衛門、塾を開く。
一八四五	弘化二	乙未	一六	山田宇右衛門の説により、他流の兼修を志し、山田亦介について長沼流兵学を学ぶ。	六月、幕府、オランダへ返書を送り開国勧告を拒否。 一〇月六日、弟敏三郎、生まれる。
一八四六	弘化三	丙午	一七	三月、山田亦介《またすけ》より長沼流兵学の免許を受け、家伝の「兵要録」を贈られる。 この年、飯田猪之助より西洋陣法を学び、守永弥右衛門から荻野流砲術を伝授される。また、山田宇右衛門の説に感じて、外患を憂えて防備のことを講究する。	閏《うるう》五月、米使節ビッドル、米艦二隻を率いて浦賀に来航、大統領親書を幕府に渡す。
一八四七		丁未	一八	一〇月、林真人《まなと》より「大星目録」免許返伝受ける。	
一八四八	弘化五 二・二八に改元嘉永元年となる	戊申	一九	一月、独立の師範となる。 一〇月、「明倫館御再興に付き気付書」を藩政府に提出する。	この年、杉家は松本村清水口に転宅する。

一八四九	嘉永二	己酉	二〇	三月、「水陸戦略」を外寇御手当方に提出、御手当御内用掛に任ぜられる。 五月、平戸藩士葉山左内に書簡を贈り、従学の志を述べる。 六月、藩主の親試で「武教全書」用士篇を講ずる。六月下旬より七月下旬まで、藩命により長門国北海岸から西海岸の防備の状況の視察。 一〇月一〇日、門人を率いて萩城東羽《は》賀台《がのだい》で演習。	六月頃、玉木文之進、居宅を萩土原梨木《ひじはらなしのき》町に移す。 ○この旅行につき、「廻浦紀略」あり。
一八五〇	嘉永三	庚戌	二一	八月、藩主の親試で「武教全書」守城篇を講じ、藩主感服し、山鹿流兼流の意を起こす。 同月、萩を発ち、平戸・長崎を中心に九州旅行をする。葉山左内・山鹿万介に家学を学ぶ。 一二月二九日、萩へ帰着。 この旅行中より、義卿《ぎけい》の字《あざな》を用いる。	○この旅行につき、「西遊日記」あり。
一八五一	嘉永四	辛亥	二二	正月下旬、林真人より三重極秘伝の印可返伝を受ける。 正月、藩主に山鹿流兵学の皆伝を授ける。 二月、藩政府に「文武稽古万世不朽の御仕法立気付書」	

				を提出。三月、兵学修業のため、藩主に従い東行。四月、江戸に着く。安積《あさか》艮斎《ごんさい》・山鹿《やまが》素水《そすい》・古賀謹一郎・佐久間象山らに従学。長原武《たけき》・斎藤新太郎・鳥山新三郎・土屋《つちや》蕭海《しょうかい》・来原《くりはら》良蔵《りょうぞう》・井上壮太郎・宮部《みやべ》鼎蔵《ていぞう》・江幡《えばた》五郎らと交わる。この頃、子義《しぎ》の字《あざな》を用いる。六月、宮部鼎蔵と相模・安房《あわ》の調査旅行。一二月、亡命して東北旅行に出発。	○この旅行につき、「東遊日記」あり。 ○この旅行につき、「東北遊日記」あり。
一八五二	嘉永五	壬子	二三	この旅行で会沢正志斎・豊田彦二郎・伊東広之進・大槻格次らと会う。四月、江戸着。帰藩すると帰国命令が出る。五月、萩到着。杉家待罪中日本の歴史を研究。一一月より、松陰の号を常用する。	
				一二月、亡命の罪により士籍剝奪・家禄没収、父杉百合之助育《はぐくみ》の身分となる。同日、通称を松次郎に改める。	七月、山田亦介、古賀侗庵「海防臆測」出版、逼塞を命ぜられる。 八月、オランダ商館長クルチウス幕府へ明年開国要求のため米使来航を予告。
一八五三	嘉永六	癸卯	二四	一月、藩政府より一〇年間の諸国遊学許可を得て、萩を	

出発。寅次郎と改称する。

船で瀬戸内を経由して大坂に出、畿内をめぐり、伊勢から中仙道を経て、五月に江戸着。この旅行で坂本鼎斎《ていさい》・森田節斎・谷三山・足代弘訓《あじろひろのり》・斎藤拙堂らと会う。

六月、米艦来航を聞いて浦賀に直行。

八月、「将及私言」「急務条議」「急務策」を藩政府へ呈する。

九月、長崎来航中の露艦により海外渡航の志をもち、江戸を出発。熊本で宮部鼎蔵・横井小楠《しょうなん》らと会う。長崎に着くも露艦出航後であった。

一二月、京都に入り、梁川星巌《やながわせいがん》・森田節斎・梅田雲浜《うんぴん》・鵜飼《うがい》吉左衛門らと交わる。

一二月二七日、江戸着。

○この旅行につき、「癸丑遊歴日録」あり。
七月二六日頃、妹寿、小田村伊之助と結婚。
○この旅行につき、「長崎紀行」あり。

六月、米使ペリー、浦賀に来航。

七月、露使プチャーチン、長崎に来航、一〇月にいったん去る。

一一月、長州藩相模警衛に任ずる。

一二月、プチャーチン再来。

西暦	年号	干支	年齢	事項	参考
一八五四	嘉永七 二・二七に改元安政元年となる	甲寅	二五	三月、金子重之助とともに米艦により海外渡航の志をもち、江戸を出発、下田でポーハタン号に乗り込むも海外渡航は拒絶され、自首して縛につく。 四月、江戸小伝馬町の牢に投獄される。	○この下田密航事件につき、「回顧録」あり。

一月、ペリー、江戸湾に再来。

三月、横浜で日米和親条約締結。

				九月、幕府より松陰・金子に在所蟄居《ちっきょ》の裁決が出て、萩に護送される。 一〇月、松陰は野山獄、金子は岩倉獄へ投獄。 一一月、「二十一回猛士の説」を書き、以後、二十一回猛士を別号とする。	八月、日英和親条約締結。 九月、オランダに下田・箱館開港。 九月、プチャーチン、大坂湾に進入、幕府の要請により下田へ廻航。 一一月、プチャーチンの船が地震により破損す。後に沈没。 一二月、日露和親条約締結。
一八五五	安政二	乙卯	二六	一月、金子重之助、岩倉獄で病没。 三月、僧月性《げっしょう》、萩に来て松陰と文通する。 四月、野山獄で同囚に「孟子」講義始める。 六月、「孟子」講義終わり、再び「孟子」輪講を始め、箚記《さっき》を作る。 九月、僧黙霖《もくりん》、萩に来て松陰と文通する。 一二月、獄を赦されて杉家に幽囚となる。人と接することを禁じられたが、近隣の子弟の中に密かについて学ぶものあり。	三月、新造の船でプチャーチン帰還する。
一八五六	安政三	丙辰	二七	三月、中断していた「孟子」講義を再開する。 六月、「孟子」講義終わり、「講孟箚記」成る。「講孟余	一二月、日蘭和親条約締結。

西暦	年号	干支	年齢	事項	参考事項
				話」と改める。 八月中旬、黙霖再び萩に来て、松陰と文通する。 八月、近隣の子弟に「武教全書」の講義を始める。 九月、久保塾のために「松下村塾記」を書く。 一二月、梅田雲浜が萩に来て、翌年一月まで滞在する。 この間、松陰と会見する。	七月、米総領事ハリス、下田に来る。 この年、中国でアロー号事件起こり、第二次アヘン戦争となる。
一八五七	安政四	丁巳	二八	この年、松陰の幽室の講義盛んとなる。 七月、富永有隣《ゆうりん》、松陰らの尽力で野山獄出獄、これを招いて松陰の塾の師とする。 一一月五日、杉家敷地内の八畳一室の小屋を修理して塾舎とする。ここに松陰の実質的に主宰する松下村塾が成立した。	五月、日米下田協約締結。 一〇月、ハリス、将軍に謁見し、大統領親書を呈する。 一二月五日、妹文、久坂玄瑞と結婚。
一八五八	安政五	戊午	二九	一月、「狂夫の言」成る。 この間、松下村塾の門人増加傾向を辿る。 三月一一日、塾舎増築工事完了。計一八畳半。 五月、「対策一道」成る。ついで「愚論」「続愚論」を作る。これらを梁川星巌に送る。	一月、日米修好通商条約締結交渉妥結。これをうけて、老中堀田正睦、条約調印の勅許奏請のため上京の途につく。 三月、朝廷、調印勅許を拒否。 四月、井伊直弼《なおすけ》、大老となる。

七月、「大義を議す」「時義略論」を藩政府に提示する。

同月、家学教授のための門人引見が許可される。

八月、松下村塾生、萩郊外大井浜で山鹿流兵学による演習を行う。

九月、松浦松洞に水野忠央暗殺の指示を与える。

同月、大原重徳に長州西下を勧める「書簡」と「時勢論」を送る（「時勢論」のみ届く）。

一〇月、赤根武人《たけと》に伏見破獄策を与える。

一一月六日、老中間部《まなべ》詮勝《あきかつ》襲撃を計画して血盟一七名を得、周布《すふ》政之助《まさのすけ》と前田孫右衛門に支援を求める。

同日、父・叔父・兄への永訣書を作る。

一一月中旬、間部襲撃出発日を一二月一五日とする。

一一月二九日、周布ら、松陰厳囚の処置をとる。

一二月五日、松陰投獄の藩命が下る。門人八名が松陰の罪名を問うため、藩政府要路に迫る。

翌日、彼らは暴徒として幽囚される。

一二月二六日、野山獄へ再入獄。これにより、松下村塾

六月、日米修好通商条約調印。

同月、堀田らは罷免され、間部詮勝らが老中となる。

同月、幕府、将軍継嗣《けいし》を徳川慶福《よしとみ》とすることを発表。

七月、将軍家定《いえさだ》没す。
七、九月にかけて、蘭・露・英・仏との間に相継いで修好通商条約を締結する。
八月、「戊午《ぼご》の密勅」降下。

九月、間部詮勝上京。梅田雲浜・日下部伊三次ら志士の逮捕始まる。安政の大獄の始まり。

九月、梁川星巌、病没。

一八五九	安政六	己未	三〇	における松陰の教育終わる。 一月、大高又次郎・平島武二郎が萩に来て、長州藩主伏見要駕策を提案、松陰はこれを知友門人に周旋させるも、藩政府は二人に拒絶回答をする。 一月二四日、玉木、過激化した松陰に諸友との書信を絶つことを命じる。憤悶した松陰は絶食。 翌日、父母と玉木の諫めによりやや食をとり、幽囚された門人の赦免の報が届くと絶食を中止する。 二月、大高らの伏見要駕《ようが》策に応ずるため、野村和作を脱走上京させる。入江杉蔵、この計策に関与したことが露見して岩倉獄に入れられる。 三月、松陰の策した長州藩主の江戸参府阻止はならず、藩主は江戸へ向けて出発する。 同月、野村、要駕策周旋に挫折し、京都藩邸に自首して帰国を命ぜられ、岩倉獄へ入れられる。 三月下旬、知友門人に賜死の周旋を依頼する。 四月、幕府、松陰召喚の命令を出す。	二月、青蓮院宮や公家への処罰が行われる。

五月一四日、召喚命令、松陰に届く。

五月二五日、檻輿にて萩を出発。

六月二四日、江戸着。桜田長州藩邸内に拘禁。

七月九日、評定所の呼び出しがあり、幕吏の訊問《じんもん》を受け、小伝馬町の獄舎に入れられる。

以後、九月五日、一〇月五日に訊問を受ける。

一〇月一六日、口書読み聞かせがあり、死刑を覚悟する。

一〇月二〇日、父・叔父・兄へ永訣書を認める。

一〇月二六日、「留魂録」を作る。

一〇月二七日朝、評定所《ひょうじょうしょ》において死罪の申し渡しがあり、午前一〇時頃、あるいは正午頃、小伝馬町の獄内で処刑される（陽暦一一月二一日）。

一〇月二九日、尾寺新之丞・飯田正伯《しょうはく》・桂小五郎・伊藤利助ら、松陰の遺骸受け取りに奔走し、この日、小塚原回向院内に葬る。


八月、幕府、徳川斉昭《なりあき》・一橋慶喜《よしのぶ》らや岩瀬忠震《ただなり》・川路聖謨《かわじとしあきら》らを処罰。

同月、安島帯刀切腹、鵜飼吉左衛門死罪など、第一次の志士断罪。

九月、梅田雲浜、獄中で病没。

一〇月七日、橋本左内・頼三樹三郎《らいみきさぶろう》死罪など、第二次の志士断罪。

一〇月二七日、第三次で最後の志士断罪。松陰はこのとき唯一の死罪。


年譜作成にあたっては、参考文献を参照したが、主に大和書房版『吉田松陰全集』第一〇巻、山口県立山口博物館編『吉田松陰』の「年譜」に依拠した。

参考文献

原則として、本書執筆で参照した単行本を中心とする。

I、吉田松陰の著述（訳を含む）

『吉田松陰全集』（一〇巻）（原典版）・山口県教育会編、一九三四—三六年・岩波書店

『吉田松陰全集』（一二巻）（普及版）・山口県教育会編、一九三八—四〇年・岩波書店

『吉田松陰全集』（一〇巻・別巻一）・山口県教育会編、一九七二—七四年・大和書房

『山鹿素行・吉田松陰集』（世界教育宝典　日本教育編）玖村敏雄・村上敏治校注、一九六五年・玉川大学出版部

『吉田松陰集』（日本の思想一九）奈良本辰也編集、一九六九年・筑摩書房

『吉田松陰』（日本の名著三一）松本三之介編、一九七三年・中央公論社

『吉田松陰』（日本思想大系五四）吉田常吉・藤田省三・西田太一郎校注、一九七八年・岩波書店

『吉田松陰入門』山口県教育会編、一九七五年・大和書房

『吉田松陰』山口県立山口博物館編、一九九〇年・山口県教育会

『吉田松陰書簡集』（岩波文庫）広瀬豊編、一九三七年・岩波書店

『宇都宮黙霖吉田松陰　往復書簡』川村喜蔵編著、一九七二年・錦正社

『講孟箚記』二冊（講談社学術文庫）近藤啓吾訳注、一九七九—八〇年・講談社

『吉田松陰　留魂録』古川薫訳、一九九〇年・徳間書店

II、吉田松陰研究文献

一、吉田松陰に関する専著

『吉田松陰』玖村敏雄、一九三六年・岩波書店／復刻版・一九八二年・マツノ書店

『吉田松陰の遊歴』妻木忠太、一九四一年・泰山房
『吉田松陰の思想と教育』玖村敏雄、一九四二年・岩波書店
『吉田松陰の研究』広瀬豊、一九四三年・東京武蔵野書院
『吉田松陰』（岩波新書）奈良本辰也、一九五一年・岩波書店
『吉田松陰』徳永真一郎、一九七六年・成美堂出版
『吉田松陰』古川薫、一九七七年・創元社
『吉田松陰をめぐる女性たち』木俣秋水、一九八〇年・大和書房
『吉田松陰』（岩波文庫）徳富蘇峰、一九八一年・岩波書店
『吉田松陰の人間学的研究』下程勇吉、一九八八年・広池学園出版部
『吉田松陰と松下村塾』海原徹、一九九〇年・ミネルヴァ書房
『松陰と女囚と明治維新』（ＮＨＫブックス）田中彰、一九九一年・日本放送出版協会
『松下村塾の人びと』海原徹、一九九三年・ミネルヴァ書房
「陽明学」第七号（吉田松陰特集号）、一九九五年・二松学舎大学陽明学研究所
『松下村塾』（新潮選書）古川薫、一九九五年・新潮社

二、吉田松陰研究を部分的に含むもの

『武士道の思想とその周辺』古川哲史、一九五七年・福村出版
『天皇制国家と政治思想』松本三之介、一九六九年・未来社
『近代日本の思想と芸術Ⅰ』（講座比較文学3）芳賀徹ほか編（吉田松陰・鹿野政直）、一九七三年・東京大学出版会
『日本近代思想の形成』鹿野政直、一九七六年・辺境社発行・勁草書房発売

『維新の先覚　月性の研究』三坂圭治監修、一九七九年・マツノ書店
『明治維新の勝者と敗者』（NHKブックス）田中彰、一九八〇年・日本放送出版協会
『近世思想論』（講座日本近世史九）本郷隆盛・深谷克己編（6章・幕末思想論・本郷隆盛）、一九八一年・有斐閣
『日本的心情論の構造』春日佑芳、一九八一年・ぺりかん社
『幕末維新の思想家たち』山田洸、一九八三年・青木書店
『日本の儒教I』（相良亨著作集1）、一九九二年・ぺりかん社
『近世思想史研究の現在』衣笠安喜編（第二部第六章・近世敵討と吉田松陰・岸本覚）、一九九五年・思文閣出版
『近世日本の兵学と儒学』前田勉、一九九六年・ぺりかん社

III、吉田松陰関連文献

一、基礎的資料

『維新史』維新史料編纂会編修、一九八三年・吉川弘文館（復刊）
『増補訂正　もりのしげり』時山弥八著作発行・一九三二年／復刻版・一九六九年・赤間関書房
『防長回天史』（上・下）末松謙澄、一九六七年・柏書房（復刻）
『増補改訂　山口県文化史年表』山口県編、一九七五年・マツノ書店
『山口県近世史研究要覧』石川卓美編、一九七六年・マツノ書店
『来原良蔵伝』（上・下）妻木忠太著作発行、一九四〇年
『杉民治先生伝』中村助四郎、一九八一年・マツノ書店
『久坂玄瑞遺文集』（上巻）妻木忠太、一九四三年・泰山房

『久坂玄瑞全集』福本義亮編、一九七八年・マツノ書店
『東行先生遺文』東行先生五十年祭記念会編、一九一六年・民友社
『周布政之助伝』（上・下）周布公平監修、一九七七年・東京大学出版会
『吉田松陰門下生の遺文』一坂太郎、一九九四年・世論時報社
『ペルリ提督　日本遠征記』（四冊・岩波文庫）土屋喬雄・玉城肇訳、一九四八―五五年・岩波書店
『ペリー日本遠征日記』（新異国叢書第II輯1）金井圓訳、一九八五年・雄松堂出版
『ペリー日本遠征随行記』（新異国叢書8）洞富雄訳、一九八六年・雄松堂出版
『ハリス　日本滞在記』（三冊・岩波文庫）坂田精一訳、一九五三―五四年・岩波書店

二、研究文献

『日本開国史』石井孝、一九七二年・吉川弘文館
『開国と攘夷』（中公文庫版・日本の歴史19）小西四郎、一九七四年・中央公論社
『開国と維新』（小学館ライブラリー版・日本の歴史12）石井寛治、一九九三年・小学館
『近代I』（岩波講座日本通史第16巻）朝尾直弘ほか編集、一九九四年・岩波書店
『近代国家への志向』（日本の近世18）田中彰編、一九九四年・中央公論社
『安政の大獄』（日本歴史叢書46）吉田常吉、一九九一年・吉川弘文館
『幕末の長州』（中公新書）田中彰、一九六五年・中央公論社
『物語藩史6』児玉幸多・北島正元編、一九六五年・人物往来社
『新編物語藩史第九巻』児玉幸多・北島正元監修、一九七六年・新人物往来社
『山鹿素行兵法学の史的研究』石岡久夫、一九八〇年・

玉川大学出版部
『幕末海防史の研究』原剛、一九八八年・名著出版
『近世教育思想史の研究』辻本雅史、一九九〇年・思文閣出版
『佐久間象山』（人物叢書）大平喜間多、一九五九年・吉川弘文館
『佐久間象山』（人と思想）奈良本辰也・左方郁子、一九七五年・清水書院
『井伊直弼』（人物叢書）吉田常吉、一九六九年・吉川弘文館
『ハリス』（人物叢書）坂田精一、一九六九年・吉川弘文館
『橋本左内』（人物叢書）山口宗之、一九七一年・吉川弘文館
『醒めた炎　木戸孝允』（四冊・中公文庫）村松剛、一九九〇—九一年・中央公論社
『黒船前後の世界』（ちくま学芸文庫）加藤祐三、一九九四年・筑摩書房
『明治維新とナショナリズム』三谷博、一九九七年・吉川弘文館

Ⅳ、事（辞）典

『国史大辞典』（一四巻・索引等三冊）国史大辞典編集委員会編・一九七九—九三年・吉川弘文館
『藩史大事典第6巻・中国四国編』木村礎・藤野保・村上直編、一九九〇年・雄山閣出版
『三百藩主人名事典』（四巻）藩主人名事典編纂委員会編、一九八六—八七年・新人物往来社
『三百藩家臣人名事典』（七巻）家臣人名事典編纂委員会編、一九八七—八九年・新人物往来社
『幕末維新人名事典』宮崎十三八・安岡昭男編、一九九四年・新人物往来社
『明治維新人名辞典』日本歴史学会編、一九八一年・吉川弘文館

さくいん

写真提供一覧

表紙カバー、口絵、p. 22、73、79、111、113、117、156、173、183、203、207、208、220、222……山口県立山口博物館編集『維新の先覚　吉田松陰』山口県教育会刊より

p. 20……堀勇雄著『山鹿素行』（人物叢書）吉川弘文館刊より

p. 47……金井圓訳『ペリー日本遠征日記』（新美国叢書）雄松堂出版刊より

p. 55……水府明徳会徳川博物館より

p. 66……洞富雄訳『ペリー日本遠征随行記』雄松堂出版刊より

p. 89……三坂圭治監修『維新の先覚　月性の研究』月性顕彰会刊、マツノ書店発売より

p. 107……三坂圭治監修『維新の先覚　月性の研究』月性顕彰会刊、マツノ書店発売より

p. 125……坂田精一著『ハリス』（人物叢書）吉川弘文館刊より

p. 137……周布公平監修『周布政之助傳　上巻』東京大学出版会刊より

p. 144……吉田常吉著『安政の大獄』（日本歴史叢書）吉川弘文館刊より

p. 152……山口宗之著『橋本左内』（人物叢書）吉川弘文館刊より

p. 224……佐々木一男編『松陰神社　参拝の栞　付、吉田松陰先生略伝』松陰神社社務所刊より

吉田松陰《よしだしょういん》■人と思想144　　定価はカバーに表示

1998年4月10日　第1刷発行©
2015年9月10日　新装版第1刷発行©

・著　者　……………………………高橋《たかはし》　文博《ふみひろ》
・発行者　……………………………渡部　哲治
・印刷所　……………………………図書印刷株式会社
・発行所　……………………………株式会社　清水書院
〒102-0072　東京都千代田区飯田橋3-11-6
Tel・03(5213)7151～7
振替口座・00130-3-5283
http://www.shimizushoin.co.jp

CenturyBooks

Printed in Japan
ISBN978-4-389-42144-1

Century Books

清水書院の〝センチュリーブックス〟発刊のことば

近年の科学技術の発達は、まことに目覚ましいものがあります。月世界への旅行も、近い将来のこととして、夢ではなくなりました。しかし、一方、人間性は疎外され、文化も、商品化されようとしていることも、否定できません。

いま、人間性の回復をはかり、先人の遺した偉大な文化を継承して、高貴な精神の城を守り、明日への創造に資することは、今世紀に生きる私たちの、重大な責務であると信じます。

私たちがここに、「センチュリーブックス」を刊行いたしますのは、人間形成期にある学生・生徒の諸君、職場にある若い世代に精神の糧を提供し、この責任の一端を果たしたいためであります。

ここに読者諸氏の豊かな人間性を讃えつつご愛読を願います。

一九六七年

清水梼一

SHIMIZU SHOIN

【人と思想】 既刊本

老子	高橋進
孔子	内野熊一郎他
ソクラテス	中野幸次
釈迦	副島正光
プラトン	中野幸次
アリストテレス	堀田彰
イエス	八木誠一
親鸞	古田武彦
ルター	小牧治・泉谷周三郎
カルヴァン	渡辺信夫
デカルト	伊藤勝彦
パスカル	小松摂郎
ロック	浜林正夫他
ルソー	中里良二
カント	小牧治
ベンサム	山田英世
ヘーゲル	澤田章
J・S・ミル	菊川忠夫
キルケゴール	工藤綏夫
マルクス	小牧治
福沢諭吉	鹿野政直
ニーチェ	工藤綏夫
J・デューイ	山田英世
フロイト	鈴村金彌
内村鑑三	関根正雄
ロマン＝ロラン	村上嘉隆・村上益子
孫文	横山英・中山義弘
ガンジー	坂本徳松
レーニン	中野徹三・高岡健次郎
ラッセル	金子光男
シュバイツァー	泉谷周三郎
ネルー	中村平治
毛沢東	宇野重昭
サルトル	村上嘉隆
ハイデッガー	新井恵雄
ヤスパース	宇都宮芳明
孟子	加賀栄治
荘子	鈴木修次
アウグスティヌス	宮谷宣史
トーマス・マン	村田經和
シラー	内藤克彦
道元	山折哲雄
ベーコン	石井栄一
マザー＝テレサ	和田町子
中江藤樹	渡部武
ブルトマン	笠井恵二
本居宣長	本山幸彦
佐久間象山	奈良本辰也・左方郁子
ホッブズ	田中浩
田中正造	布川清司
幸徳秋水	絲屋寿雄
スタンダール	鈴木昭一郎
和辻哲郎	小牧治
マキアヴェリ	西村貞二
河上肇	山田洸
アルチュセール	今村仁司
杜甫	鈴木修次
スピノザ	工藤喜作
ユング	林道義
フロム	安田一郎
マイネッケ	西村貞二
エラスムス	斎藤美洲
パウロ	八木誠一
ブレヒト	岩淵達治
ダンテ	野上素一
ダーウィン	江上生子
ゲーテ	星野慎一
ヴィクトル＝ユゴー	辻昶・丸岡高弘
トインビー	吉沢五郎
フォイエルバッハ	宇都宮芳明

平塚らいてう	小林登美枝
フッサール	加藤　精司
ゾ　ラ	尾崎　和郎
ボーヴォワール	村上　益子
カール=バルト	大島　末男
ウィトゲンシュタイン	岡田　雅勝
ショーペンハウアー	遠山　義孝
マックス=ヴェーバー	住谷一彦他
D・H・ロレンス	倉持　三郎
ヒューム	泉谷周三郎
シェイクスピア	福田陸太郎 菊川　倫子
ドストエフスキイ	井桁　貞義
エピクロスとストア	堀田　彰
アダム=スミス	浜林　正夫 鈴木　亮
ポパー	川村　仁也
フンボルト	西村　貞二
白楽天	花房　英樹
ベンヤミン	村上　隆夫
ヘッセ	井手　賁夫
フィヒテ	福吉　勝男
大杉栄	高野　澄
ボンヘッファー	村上　伸
ケインズ	浅野　栄一
エドガー=A=ポー	佐渡谷重信

ウェスレー	野呂　芳男
レヴィ=ストロース	吉田禎吾他
ブルクハルト	西村　貞二
ハイゼンベルク	小出昭一郎
ヴァレリー	山田　直
プランク	高田　誠二
ラヴォアジエ	中川鶴太郎
T・S・エリオット	徳永　暢三
シュトルム	宮内　芳明
マーティン=L=キング	梶原　寿
ペスタロッチ	長尾十三二 福田　弘
玄　奘	三友　量順
ヴェーユ	冨原　眞弓
ホルクハイマー	小牧　治
サン=テグジュペリ	稲垣　直樹
西光万吉	師岡　佑行
ヴァイツゼッカー	加藤　常昭
メルロ=ポンティ	村上　隆夫
オリゲネス	小高　毅
トマス=アクィナス	稲垣　良典
ファラデーと マクスウェル	後藤　憲一
津田梅子	古木宜志子
シュニツラー	岩淵　達治

タゴール	丹羽　京子
カステリョ	出村　彰
ヴェルレーヌ	野内　良三
コルベ	川下　勝
ドゥルーズ	鈴木　亨
「白バラ」	関　楠生
リジュのテレーズ	菊地多嘉子
リッター	西村　貞二
プルースト	石木　隆治
ブロンテ姉妹	青山　誠子
ツェラーン	森　治
ムッソリーニ	木村　裕主
モーパッサン	村松　定史
大乗仏教の思想	副島　正光
解放の神学	梶原　寿
ミルトン	新井　明
ティリッヒ	大島　末男
神谷美恵子	江尻美穂子
レイチェル=カーソン	太田　哲男
オルテガ	渡辺　修
アレクサンドル=デュマ	辻　昶 稲垣　直樹
西　行	渡部　治
ジョルジュ=サンド	坂本　千代
マリア	吉山　登

ラス=カサス	染田　秀藤
吉田松陰	高橋　文博
パステルナーク	前木　祥子
パース	岡田　雅勝
南極のスコット	中田　修
アドルノ	小牧　治
良　寛	山崎　昇
グーテンベルク	戸叶　勝也
ハイネ	一條　正雄
トマス=ハーディ	倉持　三郎
古代イスラエルの預言者たち	木田　献一
シオドア=ドライサー	岩元　巌
ナイチンゲール	小玉香津子
ザビエル	尾原　悟
ラーマクリシュナ	堀内みどり
フーコー	今村　仁司 栗原　仁
トニ=モリスン	吉田　廸子
悲劇と福音	佐藤　研
リルケ	星野　慎一 小磯　仁
トルストイ	八島　雅彦
ミリンダ王	森　祖道 浪花　宣明
フレーベル	小笠原道雄
ヴェーダからウパニシャッドへ	針貝　邦生
ベルイマン	小松　弘
アルベール=カミュ	井上　正
バルザック	高山　鉄男
モンテーニュ	大久保康明
ミュッセ	野内　良三
ヘルダリーン	小磯　仁
チェスタトン	山形　和美
キケロー	角田　幸彦
紫式部	沢田　正子
デリダ	上利　博規
ハーバーマス	小牧　治 村上　隆夫
三木清	永野　基綱
グロティウス	柳原　正治
シャンカラ	島　岩
ハンナ=アーレント	太田　哲男
ミダース王	西澤　龍生
ビスマルク	加納　邦光
オパーリン	江上　生子
アッシジのフランチェスコ	川下　勝
スタール夫人	佐藤　夏生
セネカ	角田　幸彦
ペテロ	川島　貞雄
ジョン・スタインベック	中山喜代市
漢の武帝	永田　英正
アンデルセン	安達　忠夫
ライプニッツ	酒井　潔
アメリゴ=ヴェスプッチ	篠原　愛人
陸奥宗光	安岡　昭男